Jürgen Fischer: Wir arbeiten gerne

Dr. Jürgen Fischer ist geschäftsführender Gesellschafter des IfU – Institut für Unternehmenskultur. Er berät seit über 20 Jahren Unternehmen, ist Spezialist für die Entwicklung von Unternehmenskulturen, Coach und Trainer für Führungskräfte mit einem Fokus auf die Reduktion organisationaler Distanzen sowie die Förderung von Eigenverantwortung in Unternehmen.

Ebenfalls vom Autor erschienen: *Distanzen in Unternehmen überwinden. 5 Strategien für Führungskräfte. BoD 2021*

Mehr Informationen erhalten Sie unter:

https://ifu-aachen.de/ueberdasifu/geschaeftsleitung/

Jürgen Fischer

Wir arbeiten gerne

Über den **Unsinn** von vermeintlich unmotivierten und unzufriedenen Arbeitnehmern

Eine Streitschrift

Bibliografische Information der Deutschen Nationalbibliothek:
Die Deutsche Nationalbibliothek verzeichnet diese Publikation in der
Deutschen Nationalbibliografie; detaillierte bibliografische Daten sind im
Internet über dnb.dnb.de abrufbar.

Lektorat: Imke Rötger, Agentur & Dienste für Autor*innen und Verlage
Korrektur und Umschlaggestaltung: Textagentur Geppert/Chris Langohr
Design

Herstellung und Verlag: BoD – Books on Demand, Norderstedt

ISBN 978-3-752-44483-3

Inhalt

Darum geht es

Dieses Buch ist Aufschrei und Appell zugleich. Ich möchte Sie aufrütteln und dazu beitragen, dass Sie sich endlich wehren. Sie als Mitarbeiter, denn Sie sind angeblich ständig unmotiviert und dauernd unzufrieden. Sie leisten nichts, sondern verursachen einen volkswirtschaftlichen Schaden. Sie als Führungskraft, denn an Ihnen liegt das ganze Desaster mit den vielen unzufriedenen und demotivierten Mitarbeitern in Deutschland. Sie als Top-Manager, denn von Unternehmensführung haben Sie bei dem erbärmlichen Zustand der Belegschaft in deutschen Unternehmen überhaupt keine Ahnung. Sie als Gewerkschaftler und Personalvertreter, die Sie im Dauerkampf gegen die schlimmen Arbeitgeber ihre eigenen Leistungen für die guten Arbeitsbedingungen nicht mehr erkennen und wertschätzen. Sie als Presse-Mensch, die Sie ständig die unsinnigen Ergebnisse neuer unsinniger Studien über unzufriedene und demotivierte Mitarbeiter in deutschen Unternehmen verbreiten.

Sie alle zählen zum Volk der Nichtsnutze. Wobei es, nebenbei gesagt, in Österreich und der Schweiz und überhaupt nirgendwo anders zugeht.

Und Sie alle lassen sich seit Jahren diese Vorwürfe und Beleidigungen gefallen. Man wirft uns alle in den Topf der Unmotivierten und Unzufriedenen, Deckel drauf und fertig. Lassen Sie uns diesen Unsinn gemeinsam beenden.

Das ist wichtig für uns alle. Kommunikation schafft Realität und negative Kommunikation schafft negative Realität. Positiv lebt es sich besser.

Seit Jahrzehnten wird – auf der Basis irgendwelcher Studien – immer wieder behauptet, die Arbeitnehmer in Deutschland seien unzufrieden, nicht engagiert und völlig unmotiviert. Als Hauptursache für dieses Desaster werden ebenfalls mit großer Regelmäßigkeit die bösen und schlimmen Führungskräfte benannt. Der Haufen an vermeintlich wissenschaftlichen Studien, die zu diesen Ergebnissen kommen, muss mittlerweile bis zum Mond reichen. Es gibt sogar die sogenannte Theorie X, nach der Menschen von Natur aus faul sind und versuchen, der Arbeit möglichst aus dem Weg zu gehen, daher müssten sie zum Arbeiten gezwungen werden.[1]

Seit über 20 Jahren beschäftige ich mich beruflich mit Unternehmenskultur und insbesondere mit der Zufriedenheit und dem Engagement von Mitarbeitern. Seit über 20 Jahren weiß ich, dass Arbeitnehmer in Deutschland nicht unzufrieden, sondern ganz im Gegenteil überwiegend sehr zufrieden mit ihrem Arbeitgeber und auch ihren Führungskräften sind. Und der Großteil der Mitarbeiter ist nicht unmotiviert, sondern äußerst engagiert und mit viel Elan bei der Arbeit. Wir sind sehr fleißig!

Seit Jahren ertrage ich die vielen Falschmeldungen, mein Puls schnellt trotzdem immer noch nach oben, wenn einmal wieder völlig falsche Behauptungen ihren Weg in die Presse gefunden haben. In mir scheint sich in dieser Zeit sukzessiv ein Aggressionspotenzial angestaut zu haben und jetzt ist dieses Fass übergelaufen. Es reicht und es ist an der Zeit, meinem Unmut über diesen Unsinn vom unzufriedenen, nicht engagierten Arbeitnehmer Luft zu verschaffen.

Ich werde zahlreiche Beispiele für die Falschbehauptung, dass Arbeitnehmer unzufrieden und unmotiviert sind, bringen und den Unsinn widerlegen beziehungsweise völlig zerlegen. Ich werde den Nachweis erbringen, dass Arbeitnehmer in Deutschland nicht nur sehr zufrieden und sehr motiviert sind, sondern sogar gerne arbeiten!

Für wen ist das Buch? Unzufriedene, nicht engagierte und unmotivierte Menschen sollten bitte die Finger von diesem Buch lassen. Sie möchte ich ausdrücklich nicht als Leser! Das schränkt die Zielgruppe meines Buches glücklicherweise kaum ein.

Alle anderen, die zumindest halbwegs gerne arbeiten, ob in leitender Funktion oder als Angestellte ohne Führungsverantwortung, fordere ich auf, sich endlich zur Wehr zu setzen.

Ihr Topmanager solltet ebenfalls mitmachen. Lasst Euch die Butter nicht vom Brot nehmen. Die Arbeitszufriedenheit in Deutschland ist hoch und dazu habt ihr beigetragen.

Auch ihr Gewerkschaftler und Betriebs-/Personalräte habt euren Beitrag dazu geleistet.

Ihr Presseleute dürft auch mitmachen. Ihr müsst nicht nur über das Negative und die Katastrophen und noch dazu über vermeintlich Negatives berichten. Wir Menschen wollen ausdrücklich auch das Positive hören, wertschätzen und uns dessen erfreuen.

Empören Sie sich, stellen Sie sich diesen falschen Behauptungen entgegen, laut und mit Inbrunst und bei jeder sich bietenden Gelegenheit! Denn diese Falschberichte über unzufriedene und nicht engagierte Arbeitnehmer in Deutschland ziehen uns herunter. Angeblich wissenschaftliche Studien befeuern Unzufriedenheit, das schadet unserem Bruttoinlandsprodukt, unserer Gesellschaft, unseren Unternehmen, unseren hoch engagierten Mitarbeitern und damit uns allen.

Berichte dagegen, die unsere positive Haltung widerspiegeln, fördern unsere Motivation, Zufriedenheit und Zuversicht.

Ich liefere Ihnen die Fakten, die Sie brauchen. Und Sie sorgen mit mir gemeinsam dafür, dass Zufriedenheit, positive Grundeinstellung, Zuversicht und Engagement mehr Lautstärke erfahren und die vermeintliche Unzufriedenheit übertönen.

Zuerst nehme ich die Mutmaßungen über die scheinbare Unzufriedenheit unter die Lupe, dann fällt der Berg der angeblich Unzufriedenen in sich zusammen und schließlich sind Sie, sind wir alle an der Reihe: Ich offeriere konkrete Tipps und Angriffsstrategien für den Kampf gegen die wenigen Unzufriedenen.

Nehmen Sie gerne Kontakt zu mir auf, um mir Rückmeldungen, Kritik, Anerkennung oder Ihre Erfahrungen in Ihrem Kampf gegen die seltenen Unzufriedenen und gegen den Unsinn von unmotivierten und unzufriedenen Arbeitnehmern mitzuteilen oder offen gebliebene Fragen zu stellen. Schreiben Sie mir: fischer@ifu-aachen.de

Ich wünsche Ihnen eine gute Lektüre.

Dr. Jürgen Fischer

Falsche Grundannahme:
„Ich muss arbeiten und das ist doof."

Warum arbeiten Sie? „Weil ich muss, irgendwie muss man doch Geld verdienen", mögen viele auf diese Frage antworten. Und wenn man etwas machen muss, dann finden die meisten Menschen das doof. So sind wir programmiert.

Viele finden es doof, jeden Tag etwas machen zu *müssen*; insbesondere, wenn man es nicht gerne macht. Dann hätte man lieber den ganzen Tag frei. Spaß macht Arbeit erst, wenn man sie gerne und deshalb freiwillig verrichtet, wenn man sich aus freiem Willen für seinen Job und das Unternehmen entschieden hat.

Machen Sie kurz einen geistigen Rundgang durch Ihre Abteilung, durch das Unternehmen, in dem Sie arbeiten. Lassen Sie Kollegen, Freunde und Bekannte an Ihrem inneren Auge vorbeiziehen. Halten Sie inne. Da sind unter Garantie einige dabei, die nicht gerne arbeiten, oder?

Die so genannten Gallup-Studien beschäftigen sich – nach eigenen Angaben des Instituts „wissenschaftlich" – mit unengagierten und frustrierten Mitarbeitern in Deutschland. Laut diesen Studien machen circa zwei Drittel der Arbeitnehmerinnen und Arbeitnehmer Dienst nach Vorschrift und knappe 20 Prozent haben bereits innerlich gekündigt.[2] In der Online-Ausgabe der Süddeutschen Zeitung vom 31.03.2014 steht: *„84 Prozent leisten höchstens Dienst nach Vorschrift"* und darunter *„Unmotiviert bis zur inneren Kündigung".*[3] Es ist dabei völlig egal, dass ich hier aus dem Jahr 2014 zitiere. 2019 berichtet beispielsweise die Personalwirtschaft online über die aktuelle Gallup-Studie ganz ähnliche Zahlen: *„Jeder sechste Mitarbeiter hat innerlich* *gekündigt." „Gut zwei Drittel und damit die Mehrheit (69 Prozent) fühlen sich nur wenig gebunden und machen Dienst nach Vorschrift. Die restlichen 16 Prozent und damit fast sechs Millionen Beschäftigte haben gar keine emotionale Bindung zu ihrem Unternehmen und haben bereits innerlich gekündigt."[4]*

An den Zahlen und Grundaussagen hat sich, wie Sie im Folgenden noch sehen werden, in den vergangenen 20 Jahren kaum etwas verändert: Arbeitnehmer in Deutschland sind unmotiviert und der Großteil hat innerlich gekündigt – so die immer wieder propagierte Behauptung.

Und damit gerate ich immer wieder in mein Dilemma: Rege ich mich auf oder nicht? Zunächst hatte ich mir verordnet, mich nicht aufzuregen, es beim berühmten „Om" zu belassen. Nachdem ich aber nun jahrelang mit diesem Unsinn konfrontiert werde, habe ich beschlossen, mich jetzt doch aufzuregen. Und wenn ich mich schon aufrege, dann möchte ich das auch richtig machen, also mit Inbrunst, mit Leidenschaft und erhöhtem Puls! Es wird Zeit, ein paar Dinge über die Arbeitnehmer in Deutschland richtigzustellen und dem geballten Unsinn entgegenzutreten. Für diesen Kampf greife ich insbesondere auf die jährlich erscheinenden Studienergebnisse zum Engagement Index der renommierten Gallup Inc. beziehungsweise ihres deutschen Ablegers der Gallup GmbH zurück.

Gallup Inc. ist eines der weltweit führenden Markt- und Meinungsforschungsinstitute mit Stammsitz in den USA. Gallup führt schon fast ein ganzes Jahrhundert Meinungsumfragen durch. Seinen Namen hat das Unternehmen von seinem Gründer, George Gallup.

Laut eigenen Angaben bietet das Unternehmen die „Nr. 1" aller Umfragen zur Mitarbeiterbindung an. *„Gallup's Q12 employee engagement survey questions and resources are the most effective way to create a stronger, more engaged workplace." „We know more about the will of employees, customers, students and citizens than anyone in the world."*[5] *„Gallup has studied millions of managers and organizations worldwide."*[6] Daher kann uns das Unternehmen aufzeigen, wie man eine stärkenbasierte Unternehmenskultur kreiert.[7] Soweit ein paar Auszüge aus der Selbstdarstellung des Instituts. Die Gallups kommen aus den

USA und da ist halt alles irgendwie „Great!", auch der Unsinn, der verbreitet wird.

Da Gallup noch nicht mit allen Unternehmen dieser Erde zusammenarbeitet und erst seit Anfang der 2000er Jahre mit dem so genannten Gallup Engagement Index auf dem deutschen Markt tätig ist, ist es ihnen noch nicht gelungen, überall eine ausgeprägte Engagement-Kultur zu schaffen. Eventuell ist bei Ihnen im Unternehmen auch noch nichts davon spürbar. Bei uns in Deutschland machen schließlich angeblich fast alle Dienst nach Vorschrift und weil das so ist, entstand der deutschen Volkswirtschaft schon zu Beginn dieses Jahrtausends ein Schaden von mehreren Milliarden Euro – pro Jahr! Das sagen zumindest die von Gallup[8] und das halte ich für Unsinn, groben Unsinn.

Gallup propagiert in seiner Pressemitteilung zur Engagement-Studie 2015 für Deutschland jährliche Produktivitätseinbußen zwischen 76 und 99 Milliarden Euro.[9] Die nehmen es mit den Zahlen nicht so genau, was machen schon 23 Milliarden rauf oder runter, außer vielleicht der Tatsache, dass dieser Kleckerbetrag die Renten in Deutschland vermutlich einige Jahre sichern würde.

Die Gallup-Zahlen hören sich logisch an, schließlich wird bei uns gejammert und gewehklagt, was das Zeug hält. Zum Arbeiten bleibt da keine Zeit mehr, also fällt die Produktivität des gesamten Landes ins Bodenlose. Die Verbreitung dieser unsinnigen Zahlen und Schlüsse, die daraus gezogen werden, fordert mich Jahr für Jahr wieder heraus, das alles ins richtige Licht zu rücken und den Unsinn zu entlarven. Nun ist es soweit.

Aber Unzufriedenheit ist laut, überall zu hören und sie nimmt einen enormen Raum ein.

Die Unzufriedenen sind lauter

Die Unzufriedenen sind häufig auf Fluren unterwegs. Sie treffen sich in Büros und verschließen die Türen für konspirative Treffen. Es wird abgelästert über Die-da-oben, über die Unmenschlichkeit, die zunimmt, über die Werte, die die Chefetagen schon lange ad acta gelegt haben, darüber, dass Die-da-oben allesamt nur noch in die eigene Tasche wirtschaften, über die mit ihren fetten Firmenwagen, über die sich ständig verschlechternden Arbeitsbedingungen, über die gestrichene Weihnachtsfeier oder das abgeschaffte Frühjahrsfest, zu dem seit Jahren immer weniger Mitarbeiter kamen, über weggefallene Zuschüsse und Prämien, über veränderte Arbeitszeiten und über alles, worüber man sich noch so aufregen kann. Alles geht zu Lasten der armen Mitarbeiter und gespart wird immer nur am kleinen Mann, wobei kleine Frauen natürlich ebenfalls angesprochen sind.

Kurzer Einschub: Selbstverständlich sollen alle Geschlechter die gleichen Entwicklungs- und Entfaltungsmöglichkeiten haben und dementsprechend nicht benachteiligt werden. Was der Einzelne aus diesen Möglichkeiten macht, sei jedem selbst überlassen. Sprache schafft Realität, insofern gibt es gute Gründe für eine geschlechtsneutrale Formulierung. Sprache dient jedoch in allererster Linie der Verständigung und die funktioniert besser, wenn sie unkompliziert ist. Frauen, Männer und Diverse, Kolleginnen, Kollegen und – ich habe keine Ahnung, wie die diverse Form von Kollegin aussieht – das alles trägt nicht zur besseren Verständlichkeit bei. Daher schreibe ich so, wie mir der Schnabel gewachsen ist. Sie wissen schließlich jetzt, dass ich Sie losgelöst von Geschlecht, Hautfarbe oder sonstigen Merkmalen alle gleichermaßen schätze.

Die Unzufriedenen sind lauter. Unzufriedenheit ist viel lauter als Zufriedenheit. Unzufriedenheit verschafft sich Aufmerksamkeit. Haben Sie schon einmal einen zufriedenen Kunden schreien hören? Haben Sie schon einmal einen zufriedenen Kunden erlebt, der sich in epischer Breite und Tiefe darüber auslässt, wie toll er einen Dienstleister oder dessen Angestellte findet? Im Unternehmen ist es im Umgang miteinander nicht anders. Wenn Chefin oder Chef nichts sagen, dann war es wohl in Ordnung. Die Unterstützung von Kolleginnen und Kollegen empfinden alle als Selbstverständlichkeit. Wenn allerdings etwas nicht so läuft, wie wir das gerne hätten oder erwarten, wenn wir unzufrieden sind, wenn ein Kollege mal nicht einspringt, dann sprechen wir darüber, zuweilen laut, gerne ausführlich und allzu oft nicht direkt mit der jeweiligen Person, sondern gerne mit anderen über die betreffende Person.

Wann haben Sie selbst eine Kollegin oder Kollegen in der Ausführlichkeit gelobt, in der Sie sich manchmal über andere aufregen? Wann haben Sie Ihrem Chef das letzte Mal positives Feedback gegeben? Wann haben Sie das letzte Mal andere Menschen an Ihrer hohen Zufriedenheit mit Ihrer Arbeit und Ihrem Arbeitgeber teilhaben lassen? Wir können uns aufregen, uns echauffieren, uns ausführlich beschweren und wir machen rege Gebrauch davon.

Während die Unzufriedenheit sich von selbst ihren Weg ins Bewusstsein verschafft, muss man sich Zufriedenheit bewusst machen. Das eine geschieht mehr oder weniger von selbst, das andere Bedarf der Anstrengung, aber wir sind faul.

Weil Unzufriedenheit grundsätzlich lauter ist als Zufriedenheit, wird sie mehr gehört. Der Schreihals setzt sich allzu oft durch. Er wird eher wahrgenommen. Zuweilen hören wir selbst gerne zu und schenken den Unzufriedenen unser Ohr und unsere Aufmerksamkeit.

Ich selbst mache dies im Folgenden auch und schenke der Unzufriedenheit zu viele Seiten dieses Buches, um zu verdeutlichen, womit beziehungsweise mit wem wir es zu tun haben. Gleichzeitig möchte ich hierdurch verdeutlichen, warum Unzufriedenheit so viel Energie frisst sowie Raum und Zeit in Anspruch nimmt.

Meine Beschreibungen und die Personen sind eine wilde Mischung aus Gelesenem, Erlebtem und meiner Fantasie. Wenn ich auf Literatur zurückgegriffen habe, habe ich dies mit entsprechenden Endnoten kenntlich gemacht. Sofern Sie eine Nähe zu Ihnen bekannten Menschen erkennen, ist dies ausdrücklich gewünscht; ich habe mich um eine möglichst realitätsnahe Fantasie bemüht. Wie sieht der Feind namens Unzufriedenheit aus?

Jammern und Wehklagen, wo man nur hinsieht

„Noch vor fünf Jahren waren wir Programmierer relativ eigenständig (…) und jetzt wird dieses Kontrollnetz über uns gelegt. Und diese kleinen Aufgaben arbeitet man in ein, zwei Tagen ab, und dann gibt es die nächste", so beschreibt ein Programmierer bei SAP die Veränderungen seines Jobs in einem Artikel des Wirtschaftsmagazins brand eins.[10] Der arme Herr bedauert, dass man sich nun jeden Morgen im Team zusammenfinden muss, um die jeweils anstehenden Tagesaufgaben abzustimmen. Er bedauert fast weinerlich, dass er als „Wissensarbeiter", wie sich Programmierer hochtrabend gerne selbst bezeichnen, nun nicht mehr in aller Seelenruhe über die Dinge nachdenken kann, dass er nicht mehr vor sich hin programmieren kann, sondern er nun mit für ihn deutlich zu hoher Frequenz Ergebnisse liefern soll. Das ist bitter, jetzt muss er vereinbarte Ergebnisse möglichst zu einem vereinbarten Zeitpunkt liefern. Das ist ein gar schweres Los, das kann man sich als Außenstehender kaum vorstellen. Der arme Programmierer ist fast so gebeutelt wie ein Koch in der Firmenkantine, der das Essen jeden Tag pünktlich zu Mittag fertig haben muss. Oder gilt dies vielleicht nicht nur für Köche, sondern unter Umständen sogar für den gesamten Rest der arbeitenden Bevölkerung. Müssen wir nicht alle Ergebnisse möglichst fristgerecht liefern?

Aus seinem Blickwinkel wurden dem Programmierer völlig willkürlich neue Arbeitsweisen aufgezwungen. Bei derart gravierenden Änderungen in seinem Arbeitsalltag vergisst man schon einmal, dass viele IT-Projekte in der Vergangenheit aufgrund eines wenig zielgerichteten Vor-sich-hin-Programmierens nicht fristgerecht fertig wurden. Vermutlich ist ebenfalls vergessen worden, dass viele Programmierer Fragen zu Fertigstellungszeitpunkten fast schon regelmäßig mit einem längeren Vortrag über Aufwände und all das, was noch zu tun ist, sowie die enorme Komplexität ihrer Arbeit beantworten – einen konkreten Termin bekommt man auf Anhieb nicht. Das können Sie gerne direkt einmal testen.

Weil er die ganzen Veränderungen doof findet, macht ihm seine Arbeit weniger Spaß. Ja, früher, da war er noch richtig engagiert, aber heute spricht er oft und ausgiebig mit vielen seiner Kollegen darüber, dass sich die Arbeitswelt zunehmend zum Nachteil der Beschäftigten verändert. Alles wird immer schlimmer.

Ich kann dieses Gejammer nicht mehr hören, es geht mir auf den Zeiger. Aber Unzufriedenheit findet ihren Weg.

In demselben Artikel beschwert sich eine Sachbearbeiterin von Siemens darüber, dass bei ihnen Arbeitszeugnisse inzwischen zentral geschrieben werden. Früher habe das jeder einzelne Bereich selbst gemacht. Ohne umfassende Analyse darf man davon ausgehen, dass die Personaler bei Siemens das Problem erkannt und richtig gelöst haben. Denn viele Zeugnisschreiber der Vergangenheit hatten keinen Plan davon, wie man ein Zeugnis richtig schreibt. Daher machte es jeder so, wie er es für richtig hielt. Es macht Sinn, eine solche Aufgabe zu zentralisieren. Die Sinnfrage stellt sich der Betroffenen aber nicht, denn ihr Arbeitsleben hat sich für sie auf gravierende Art und Weise und aus ihrem Blickwinkel nur zu ihrem Nachteil verändert. Man hat ihr etwas weggenommen, und zwar etwas persönlich Wichtiges. Wie ein kleines Kind, dem man das Spielzeug wegnimmt. Sie fand es immer sehr abwechslungsreich, zwischendurch mal ein Zeugnis für ihren Chef schreiben zu dürfen. Das hatte für sie den charmanten Vorteil, dass sie immer gut Bescheid wusste, was in ihrem Bereich so läuft. Dass es jetzt anders ist, findet sie doof. Sie ist lange nicht mehr so motiviert wie früher. Viele Kolleginnen, mit denen sie diese und noch einige andere Veränderungen regelmäßig und ausgiebig bespricht, sehen das genauso.

Es gibt einige Menschen, die sich schnell demotivieren lassen; bei manchen scheint das auf Knopfdruck zu funktionieren und bei einigen wenigen ist der Demotivationsknopf dauerhaft gedrückt – zumindest im Kontext der Arbeit.

Diese Typen kennt jeder von uns und sie gehen einem auf die Nerven, aber sie sind zum Glück in der Minderzahl, und wenn das in Ihrem Arbeitsumfeld nicht so sein sollte, wechseln Sie bitte in Ihrem eigenen Interesse schnell die Abteilung oder das Unternehmen!

Wir bleiben weiterhin in dem Artikel des Wirtschaftsmagazins: Ein Projektmitarbeiter findet es doof, dass *„Projekte auf Rot gestellt"* werden, wenn man im Projektteam die geplante Zeit nicht einhält. Besonders doof findet er es, dass die anderen das auch noch sehen können. In seinem Arbeitsalltag hat sich etwas Einschneidendes verändert und das findet er doof. Ihm ist es bei seiner Bewertung völlig egal, ob seine Kollegen es früher doof fanden, dass ein einziger Kollege, nämlich besagter Projektmitarbeiter, grundsätzlich zu spät lieferte und seine schlampige Arbeitsweise dem Chef nie aufgefallen war. Das Team ist sehr froh, dass nun endlich Transparenz herrscht und Leistungsunterschiede sichtbar werden. Aber er regt sich über die Änderungen auf und erzählt jedem in aller Ausführlichkeit, was er davon hält – nämlich nichts. Seiner Auffassung nach hätte der Betriebsrat gegen diese neue Regelung vorgehen und seine Mitarbeiterinteressen besser vertreten müssen.

Allzu oft setzen sich Betriebsräte in ihrem Kampf gegen die bösen Arbeitgeber für derart benachteiligte Mitarbeiter ein. Ein Bruchteil der Mitarbeiter fühlt sich dann gut vertreten, die vielen anderen arbeiten währenddessen daran, die Termine einzuhalten, sie haben fürs Lamentieren keine Zeit.

Das Engagement unseres Projektmitarbeiters hat jedenfalls nachgelassen, wobei sich die Frage stellt, ob seine Motivation jemals hoch war. Sein Gehalt bleibt konstant, wodurch bei einem Großteil der Belegschaft der Wunsch nach einer leistungsorientierten Bezahlung wächst.

Ja, es gibt sie, diese wirklich faulen Typen. Und genau die sind dann obendrein häufig auch noch besonders unzufrieden, sie maulen und beschweren sich den lieben langen Tag lang, anstatt zu arbeiten.

Eine Mitarbeiterin aus einer Entwicklungsabteilung der ZF Friedrichshafen empört sich in dem Artikel über die in ihrem Unternehmen gelebte *„Lean-Rhetorik"* und die hiermit einhergehenden Grundsätze: *„Wir vermeiden Verschwendung! Wir schaffen Standards! (…) Wir machen Fehler nicht zweimal! Null Fehler!"* Diese Grundsätze klingen aus Sicht der Dame *„ein bisschen wie die Zehn Gebote"* und sie fühlt sich dadurch eingeschränkt, das Unternehmen schreibt ihr wieder einmal etwas vor.

Die Zehn Gebote sind für viele Christen eine gute Orientierung und werden nicht als Einschränkung empfunden. Wenn man nicht betroffen oder gar beleidigt ist, klingen die Grundsätze von ZF Friedrichshafen sehr vernünftig: Denselben Fehler zweimal zu machen, ist doch doof. Fehler zu machen ist überhaupt doof, Fehler zu machen ist spaßbefreit und man darf und sollte sich über Fehler ärgern, was die meisten von uns im Übrigen auch machen, sogar im Job. Trotzdem propagieren manche Unternehmensberater, man solle sich über Fehler freuen, weil sie einem die Chance zum Lernen bieten würden. Das mit dem Lernen aus Fehlern ist richtig, trotzdem sollte man sich über Fehler ärgern und sie nach Möglichkeit nicht wiederholen. Kein normaler Mensch schreit: „Juchhu! Ich habe einen Fehler gemacht, ich habe eine Lernchance!"

„Wir schaffen Standards", scheint mir ebenfalls ein guter Grundsatz zu sein. Standards sind hilfreich, sie geben uns Orientierung und bewährte Vorgehensweisen sollten sich durchsetzen. Verschwendung sollte sicherlich ebenfalls vermieden werden, nicht nur aus betriebswirtschaftlichen Gründen, sondern auch weil die Mäßigung zurecht eine der Kardinaltugenden ist.

Und ja, verehrte Mitarbeiterin der ZF Friedrichshafen, Sie sollten sich an diese Gebote möglichst strikt halten, das ist im Interesse aller Mitarbeiter bei ZF Friedrichshafen – es sichert Arbeitsplätze. Aber sie findet das doof, sie fühlt sich eingeschränkt und gemaßregelt. Sie kann nicht verstehen, warum die Personalvertretung die Regeln nicht verhindert hat. Ihrer Auffassung nach, die sie in vielen Gesprächen mit Kolleginnen und Kollegen immer wieder ausführlich und langatmig darlegt, darf ein Arbeitgeber seinen Mitarbeitern solche Regeln nicht aufzwingen. Das drückt nicht nur auf ihr Gemüt, sondern auch auf ihre Leistung.

Das nervt besonders: Die Unzufriedenen erklären ihre Minderleistung damit, dass andere daran schuld sind. Weil ich unzufrieden bin, fahre ich meine Leistung herunter, was eindeutig zu Lasten meiner Kolleginnen und Kollegen geht. Sodann mache ich irgendjemand anders dafür verantwortlich. Die haben doch nicht mehr alle Tassen im Schrank, wenn ich so etwas höre, geht mir die Hutschnur hoch. Sprechen Sie diese Typen direkt an, geben Sie verhaltensbezogenes Feedback und konfrontieren Sie sie damit, dass Sie Leistungen erwarten.

Extrem hart traf es einen etwas älteren Kundenberater einer Volks- und Raiffeisenbank, in der man auf der letzten Personalversammlung eine Änderung der Öffnungszeiten verkündete. Die Geschäftsstellen sollen nun jeden Tag bis 19 Uhr geöffnet sein und an einigen Tagen wolle man den Kunden sogar Beratungstermine bis 20 Uhr anbieten. *„Eine Unverschämtheit ist das. Die da oben treffen immer wieder Entscheidungen, die ausschließlich zu Lasten der Arbeitnehmer gehen. Die machen sich überhaupt keine Gedanken, was das für die Arbeitnehmer bedeutet"*, so brachte es der Kundenberater scheinbar stellvertretend für die halbe Belegschaft auf den Punkt. Zweimal in der Woche traf er sich bislang um 17:30 Uhr mit einigen Kollegen zum Fußballspielen. Zudem würde er grundsätzlich um 19 Uhr gemeinsam mit seiner Frau Abendessen. Er könne doch nicht sein gesamtes Leben umstellen und seine sozialen Beziehungen aufgeben, nur weil die sich mal wieder irgendwas Neues haben einfallen lassen. Über Monate wurde über kein anderes Thema mehr gesprochen. Unzählige Flurgespräche wurden geführt, man redete sich in Rage. Die Entscheidung des Vorstands konnten die Mitarbeiter nicht nachvollziehen und dagegen wollte man sich zur

Wehr setzen. *„Seit nunmehr 20 Jahren würde man sich immer nur in eine Richtung bewegen und alles würde zum Nachteil der Beschäftigten verändert"*, so der allgemeine Tenor. Und damit hatten die Mitarbeiter durchaus Recht, also zumindest diejenigen, die den Tag am liebsten ganz ohne störende Kunden verbringen würden. Denn in früheren Zeiten stand man als Kunde regelmäßig spätestens um 17 Uhr vor verschlossenen Türen, außer am Donnerstag, da war erst um 18 Uhr Schluss. Daher nennen ihn die Mitarbeiter in Banken und Sparkassen auch „SchlaDo", „scheiß langer Donnerstag". Irgendwer muss in einem lichten Moment bemerkt haben, dass die Kunden von Banken und Sparkassen größtenteils zur arbeitenden Bevölkerung gehören und die Öffnungszeiten für den Kunden daher eher ungünstig sind – dieselben Überlegungen gelten übrigens gleichermaßen für alle möglichen Ämter. Wenn aber ein Arbeitgeber auf dieses nachvollziehbare Kundenbedürfnis mit einer Änderung der Öffnungs- und damit auch Arbeitszeiten reagiert, kommt es beinahe regelmäßig zum Widerstand und teilweise zum Aufstand. Es wird gestritten und geklagt, die Gewerkschaften und Personalvertretungen schalten sich ein. Es scheint ganz natürlich zu sein, dass derart unmenschliche Entscheidungen nicht nur auf die Stimmung drücken, sondern zu Lasten des Engagements gehen. Und damit sind wir wieder bei dem schon bekannten Zusammenhang, dass andere daran schuld sind, wenn ich nicht mehr so engagiert bin. Dieser Zusammenhang greift selbst dann, wenn die von den Unternehmen eingeleiteten Maßnahmen nach allgemeinem Ermessen als sinnvoll betrachtet werden.

Das gilt auch für die folgenden Beispiele, welche ich aus diversen persönlichen Erlebnissen zusammengestellt habe.

„Wir sind doch eine Kundenbank, dadurch unterscheiden wir uns vom Wettbewerb. Jetzt machen die eine Zweigstelle nach der anderen dicht und für uns Marktmitarbeiter heißt es nur noch Vertrieb, Vertrieb, Vertrieb. Kunden zu beraten, sich mit ihnen und ihren Bedarfen intensiv auseinander zu setzen, dafür haben wir gar keine Zeit mehr", berichtet ein Sparkassenmitarbeiter. Derselbe Sparkassenmitarbeiter hat vor 30 Jahren eine kaufmännische Lehre gemacht und eine einfache

Gleichung gelernt: Gewinn gleich Umsatz minus Kosten. Der Gewinn seiner Sparkasse war in der Vergangenheit ein Zinsgewinn, die Sollzinsen für Darlehen waren deutlich höher als die Guthabenzinsen für beispielsweise Sparbücher. Dieses Geschäftsmodell hat sich in den vergangenen Jahren zunehmend in Luft aufgelöst. Geld gibt es quasi zum Nulltarif und wer zu viel Geld anlegen will, wird mittlerweile mit Verwahrgebühren zur Kasse gebeten. Was macht man privat, wenn man knapp bei Kasse ist, man spart und reduziert seine Ausgaben. Wenn es geht, versucht man die Einnahmenseite zu verbessern. Was macht Sparkasse? Sie spart und reduziert die Kosten durch Reduktion der Anzahl an Mitarbeitern und Geschäftsstellen. Und dann trifft es völlig überraschend die Mitarbeiter, die sich nicht durch außerordentlich gute Leistungen oder Engagement oder eine positive persönliche Entwicklung ausgezeichnet haben, sondern die seit Jahren nur mit großem Aufwand zu maximal durchschnittlichen Leistungen bewegt werden konnten. Und es trifft die Geschäftsstellen, die ohnehin kaum noch frequentiert wurden, in denen sich Mitarbeiter sehr oft zuvor gelangweilt haben, weil keine Kunden mehr zu Besuch kamen. Zudem versucht man die Einnahmenseite zu verbessern, bei Sparkassen beispielsweise mit Hilfe des so genannten Sparkassenfinanzkonzepts, welches auf eine umfassende Beratung und Betreuung des Kunden bei allen Finanzfragen ausgerichtet ist und dem Vertriebsmitarbeiter zahlreiche Anlässe für Beratungsgespräche mit Kunden und damit zur Erwirtschaftung von Erträgen, insbesondere auch Provisionserträgen, bietet. Viele Sparkassen kontrollieren, ob ihre Vertriebsmitarbeiter solche Beratungsgespräche mit ihren Kunden führen und hinreichend Termine pro Woche vereinbart werden. Zudem wird auch die Abschlussquote pro Termin nachgehalten. Es wird mitarbeiterseitig gerne ausgeblendet, dass diese schreckliche Kontrolle die Mitarbeiter durchaus unterstützt und sogar Arbeitsplätze sichert. Es gibt nämlich einen messbaren Zusammenhang zwischen der Anzahl an durchgeführten Beratungsgesprächen, Vertragsabschlüssen, dem Betriebsgewinn der Sparkasse und schlussendlich der Sicherheit von

Arbeitsplätzen. Aus individuellem Blickwinkel des Mitarbeiters wird aber nur der Druck immer höher, danach hört das Denken bei vielen auf. Es wird gerne übersehen, dass viele Kolleginnen und Kollegen mit hoher Konstanz ihre Ziele realisieren. Anstatt sich die Frage zu stellen, wie man von diesen Kolleginnen und Kollegen lernen kann, wie man besser werden kann, findet man den steigenden Vertriebsdruck doof und regt sich darüber auf, dass man es in seinem Vertriebsbereich viel schwerer hat und die Zahlen überhaupt nicht vergleichbar sind. Das drückt bei vielen Mitarbeitern auf die Stimmung und senkt die Motivation, dabei bräuchte es mit Blick auf die eigenen individuellen Ziele genau das Gegenteil, nämlich mehr Engagement.

Wie vor den Kopf gestoßen fühlte sich ein Call-Center-Mitarbeiter. Sein Arbeitgeber, ein führendes europäisches Call-Center, das ich einige Jahre begleiten durfte, musste aufgrund eines extremen Preisdrucks harte Kostensparmaßnahmen vornehmen. Trotzdem wollte der Vorstand den Mitarbeitern im Rahmen seiner Möglichkeiten Wertschätzung für ihre Leistungen entgegenbringen. Aufgrund des geringen Lohnniveaus in der Branche sollte diese Zuwendung in finanzieller Form erfolgen. Schon nach wenigen Jahren Betriebszugehörigkeit gab es daher eine Prämie. Wenn ich mich recht erinnere, waren es 200 EUR. Zusätzlich erhielten die Mitarbeiter einen Blumenstrauß. Auf einer Betriebsversammlung echauffierte sich besagter Mitarbeiter darüber, dass man immer nur am kleinen Mann sparen würde. Er habe gerade sein 5-jähriges Betriebsjubiläum gehabt und keinen Blumenstrauß bekommen, den er doch seiner Partnerin habe schenken wollen. Der Vorstand des Unternehmens reagierte erstaunt, weil er von dieser Sparmaßnahme nichts wusste. Er fragte den Mitarbeiter, ob er denn die übliche Prämie zu seinem Jubiläum erhalten habe, was der Mitarbeiter bejahte.

Bei solchen Beispielen aus dem wahren Arbeitsleben fragt man sich doch, ob die Menschheit zunehmend irre wird. Da bekommt ein Mitarbeiter in einem absoluten Niedriglohnsektor schon für wenige Jahre

Betriebszugehörigkeit eine Geldprämie und anstatt sich darüber zu freuen und seinem Unternehmen und seinem Vorstand dankbar zu sein, beschwert der Herr sich über nicht erhaltene Blumen und mangelnde Wertschätzung.

Ist das ein Einzelfall? Ja, es ist ein Einzelfall. Das Problem ist nur, dass wir nahezu jeden dieser Einzelfälle kennen, weil sie mehr auffallen und daher die breite Masse der Zufriedenen nicht wahrgenommen wird. Die Unzufriedenen sind lauter, sie erzählen anderen von ihrer Unzufriedenheit, sie wollen Aufmerksamkeit, Zuhörer und Zustimmung.

Der Vorstand des Call-Centers ließ übrigens unerwähnt, dass er und sein Vorstandskollege unter anderem zur Finanzierung solcher Prämien auf Teile ihres Gehalts verzichteten, was nach meinem Kenntnisstand im Übrigen für zahlreiche Vorstände und Geschäftsleitungen gilt: Sie üben in der Regel auch selbst Verzicht, wenn Kosten eingespart werden müssen, hängen dies allerdings oft nicht an die große Glocke. Aber selbst dann, wenn ein solcher Gehaltsverzicht den Mitarbeitern bekannt ist, wird das von einigen nicht positiv bewertet. Stattdessen hört man, dass Die-da-oben ohnehin viel zu viel verdienen oder dass die sich das an anderer Stelle sowieso wieder reinholen würden. Denen-da-oben und deren Aussagen traut man nicht, man unterstellt der Geschäftsleitung Schlechtes und demotiviert sich somit selbst. Man gewinnt den Eindruck, dass einige Mitarbeiter sich schnell und eventuell sogar gerne demotivieren lassen. Ein Anlass für persönliche Demotivation ist leicht gefunden, wenn man Ohren und Augen offenhält.

Wie in einem mir bekannten Unternehmen der Wohnungswirtschaft, das immer dann, wenn das Geschäftsjahr gut gelaufen war, zusätzlich zum 13. und 14. Monatsgehalt noch eine Prämie über mehrere hundert Euro an jeden Mitarbeiter ausschüttete.[11] Sie lesen richtig: Zusätzlich zum 13. und 14. Monatsgehalt! In einem Jahr kam von Mitarbeitern (!) der Vorschlag, die Höhe der Prämie von der Anzahl der Anwesenheits- beziehungsweise Krankheitstage abhängig zu machen. Jeder Mitarbeiter sollte weiterhin eine durchaus üppige Prämie erhalten, wer jedoch keine Krankheitstage hatte, sollte mehr erhalten. So wurde es gemacht, allerdings guckten nicht alle gleich auf die Sache. Manche vertraten die Ansicht, dass diejenigen, die krank waren, weniger erhielten. Das Glas ist eben halb voll oder halb leer. Wenn Sie die Ohren spitzen, können Sie den Aufschrei, der durchs Unternehmen ging, vermutlich noch immer hören. Als ob man etwas dafür könne, wenn man krank werde, meinten viele. Andere waren der Auffassung, dass einige ihrer Kollegen schon bei der kleinsten Kleinigkeit zu Hause blieben. Manche würden sogar mit vorheriger Ansage krank werden, oft dann, wenn viel zu tun wäre, an Brückentagen oder einfach nur bei schönem Wetter rund um das Wochenende. Einige schürten bei ihren Kolleginnen und Kollegen den Eindruck, dass sie sich – natürlich während der Arbeitszeit – sehr intensiv mit den Symptomen aller möglichen Krankheiten auseinandergesetzt hatten, manchen wurde schauspielerisches Talent in der Darstellung von Krankheitssymptomen nachgesagt. In einigen Abteilungen wurde sogar schon gewettet, wann Frau oder Herr Anfällig wieder krank werden würde. Zu gewinnen gab es leider nichts, weil zumeist alle mit ihren Erwartungen richtig lagen. Man kann auch fragen, ob ein Arbeitgeber so etwas überhaupt machen darf, doch lassen wir das in diesem Kontext mal außen vor, mir geht es um etwas anderes: Warum freut sich nicht einfach auch der Mitarbeiter, der aufgrund von Krankheitstagen nur die geringere Prämie erhalten hat, darüber, dass er überhaupt eine Prämie bekommt? Das ist doch toll und ein Grund zur Freude. Aber stattdessen regt man sich auf, weil man selbst weniger und andere mehr erhalten haben. Außerdem bemängelten einige, dass man die Regelung im Vorfeld hätte kommunizieren müssen. Oder mit anderen Worten: Hätte ich das gewusst, dann hätte ich nicht krankgefeiert, sondern wäre zur Arbeit gekommen, so schlimm war es doch gar nicht.

Man könnte glauben, dass Mitarbeiter sich für die Beweggründe und Motive einer Entscheidung interessieren und Menschen guten Argumenten gegenüber aufgeschlossen wären. Weit gefehlt, wenn das Engagement erst einmal beim Dagegensein angekommen ist, dann will man nicht mehr zuhören oder miteinander sprechen.

Ich habe die Beispiele bewusst sehr ausführlich beschrieben, weil sie im Arbeitsalltag mit noch deutlich größerer Ausführlichkeit besprochen werden. Unzufriedenheit ist laut, sie nimmt Platz ein, sie stiehlt Energie und wertvolle Arbeitszeit. Die Beispiele skizzieren, dass die Arbeitswelt aus der Sicht einiger Mitarbeiterinnen und Mitarbeiter immer schlimmer wird. Bestätigungen dafür finden wir mit hoher Frequenz in der Presse:

„Das ganze System ist krank", lautete eine Überschrift in der Zeit online: *„Die Arbeitswelt ist ungesund: Druck, Stress, enger Handlungsspielraum, Unsicherheit und Angst nehmen drastisch zu."*[12]

„Ständiger Druck – wenn der Job krank macht", stand in der Welt online.[13]

„Der Druck wächst: Höhere Anforderungen sorgen für Stress im Job", war in der Süddeutschen Zeitung online zu lesen. Im Artikel wurde sodann berichtet, dass der Stress im Arbeitsalltag vielen zu schaffen macht und Mitarbeiter den Eindruck haben, *„dass sich das Hamsterrad im Job jeden Tag schneller und schneller dreht"*.[14]

„Immer höherer Arbeitsdruck, immer mehr Wochenstunden – auf Kosten der Familie", wurde im Blog der Wirtschaftswoche geschrieben.[15]

„Morgens immer müde", titelte der Tagesspiegel online und erklärt, die *„Tatsache, dass jemand zu viel schaffen und Überstunden machen muss, sich um seine Stelle sorgt oder permanent erreichbar sein soll"* sei einer der Faktoren, warum wir nachts nicht mehr zur Ruhe kommen.[16]

In den meisten solcher Artikel werden irgendwelche Studienergebnisse herangezogen und Forscher, deren Namen man zuweilen noch niemals vorher gehört hat – also solche wie ich –, kommen zu Wort.

Weil sich die Arbeitswelt gefühlt und laut solcher Studien und Presseberichterstattung seit Jahren ständig zum Schlechten hin verändert, nimmt der Anteil der Frustrierten und nicht engagierten Mitarbeiter in Deutschland seit Jahren zu, so lautet die damit einhergehende Logik. Doch dies ist ein Trugschluss.

Kurzer Vorgriff auf das Schlusskapitel: Wenn Sie einem solchen Unzufriedenen mit seinem Dauergejammer begegnen, gehen Sie sofort in den Kampfmodus, denn der Feind steht unmittelbar vor Ihnen. Stellen Sie ihn zur Rede. Sagen Sie ihm, dass Ihnen sein Gejammer auf die Nerven geht. Sagen Sie ihm, dass jeder für seine Zufriedenheit selbst die Verantwortung trägt. Allerdings ist die Wahrscheinlichkeit, dass die Unzufriedenen und Unengagierten Sie nicht verstehen, sehr groß. Aber das sollte Ihnen egal sein. Unser gemeinsames Ziel ist es, lauter als die Unzufriedenen zu werden, insofern müssen wir die Unzufriedenheit erst einmal ruhigstellen.

Mancher Leser wird sich fragen, ob ich das ernst meine. Natürlich meine ich das ernst. Es geht hier nicht um korrektes Feedbackgeben, das macht, wie Sie garantiert selbst wissen, bei den Extremfällen überhaupt keinen Sinn. Das wirkt allenfalls kurzfristig und dann verfallen diese Zeitgenossen wieder in ihre alten Muster. Insofern setzen Sie Ihre Energie wirksam ein. Echauffieren Sie sich, setzen Sie sich zur Wehr, und zwar möglichst einprägsam und erwidern Sie dem Unzufriedenen mit lauter Stimme und innerer Erregung Folgendes: „Lassen Sie mich bitte endlich mit Ihrer Unzufriedenheit und Ihrem Gemotze in Ruhe. Ich kann und will es nicht mehr hören. Wenn Sie unzufrieden sind, sollten Sie nicht rumjammern und sich beschweren, sondern etwas dagegen unternehmen. Und wenn Ihnen nichts einfällt, dann finden Sie sich damit ab, dass die Dinge so sind, wie sie sind. Oder Sie überlegen weiter und suchen nach Lösungen. Hören Sie jedenfalls bitte sofort und für immer damit auf, mich und andere mit Ihrer Unzufriedenheit zu belästigen. In der Zeit, in der Sie lamentieren, sollten Sie lieber produktiv arbeiten, da hätten wir alle etwas davon. Vielen Dank!"

Danach ist Ruhe.

Mangelndes Engagement beim Arbeiten – ein Dauerzustand

Glaubt man den Studien des renommierten Gallup-Instituts, dann haben die Arbeitnehmer in Deutschland schon lange keinen Bock mehr.

Die Gallup-Propagandamaschine kommt seit 2001 in Deutschland regelmäßig zu Beginn des Jahres in Gang. Seitdem ist die Tochter des US-Unternehmens bei uns am Start und seitdem wird Jahr für Jahr Alarm geschlagen. Kommen Sie mit auf eine kleine Zeitreise durch die bisherigen Gallup-Veröffentlichungen im jungen Jahrtausend; wir starten im Jahr 2001: *„Nur 16 Prozent der Arbeitnehmer engagiert am Arbeitsplatz. Laut einer aktuellen Gallup-Studie beläuft sich der gesamtwirtschaftliche Schaden dadurch auf 436,4 bis 442,9 Milliarden Mark im Jahr."*[17] so die Botschaft. Und es ging noch weiter: *„84 Prozent der Arbeitnehmer in Deutschland verspüren keine echte Verpflichtung ihrer Arbeit gegenüber, wobei 15 Prozent von ihnen „aktiv unengagiert"*[18] seien.

Diese Kernaussagen der Gallup-Studien zielen auf Sie, liebe Leserin, Sie, lieber Leser! Sie sind gemeint, so Sie zur arbeitenden Bevölkerung gehören. Machen Sie sich das bitte bewusst. Sie haben demnach mit ziemlich großer Wahrscheinlichkeit kein Verpflichtungsgefühl gegenüber Ihrem Arbeitgeber und Ihrer Arbeit – diesen Unsinn behaupten zumindest die von Gallup.

Sie sind also wahrscheinlich nicht engagiert bei der Arbeit. Sie meinen zwar, dass Sie mit Ihrer Arbeit einen positiven Beitrag zu unserer Volkswirtschaft leisten, aber eigentlich schaden Sie dem deutschen Staat jeden Tag, an dem Sie Ihren Körper zur Arbeit schleppen. Sie leisten einen Schadensbeitrag und sind in zerstörerischer Mission unterwegs.

Ich möchte die Zahlen nochmal wiederholen: *„Der gesamtwirtschaftliche Schaden durch die Gruppe der ‚unengagierten' und ‚aktiv unengagierten' Mitarbeiter – aufgrund schwacher Mitarbeiterbindung, hoher Fehlzeiten und niedriger Produktivität – summiert sich jährlich auf einen Betrag zwischen 436,4 und 442,9 Milliarden Mark. Diese Größenordnung entspricht fast dem gesamten Bundeshaushalt 2001."*[19]

Die behaupten allen Ernstes, dass wir alle faule Socken sind und Dienst nach Vorschrift machen. Die Presseredaktionen übernehmen diesen Unsinn jedes Jahr. Und die Journalisten müssen das ertragen, obwohl die Gallup-Zahlen implizieren, dass auch die Journalisten mit großer statistischer Wahrscheinlichkeit selbst zu den Unengagierten zählen.

2002 war im FAZ-Net mit Bezug zu einer repräsentativen Studie der Unternehmensberatungsgesellschaft Gallup GmbH Deutschland Folgendes zu lesen: *„Nur 15 Prozent der Deutschen sind engagiert im Job"* und *„Drei Viertel der deutschen Arbeitnehmer machen Dienst nach Vorschrift."* Der resultierende gesamtwirtschaftliche Schaden wurde auf 220 Milliarden Euro beziffert.[20]

2003: *„Das Engagement am Arbeitsplatz in Deutschland sinkt weiter. Nur noch zwölf Prozent der MitarbeiterInnen hierzulande sind engagiert im Job. Der gesamtwirtschaftliche Schaden liegt in Milliardenhöhe."*[21]

2004: *„Das Engagement am Arbeitsplatz in Deutschland nach wie vor auf niedrigem Niveau. (…) 69 Prozent der Beschäftigten machen lediglich Dienst nach Vorschrift, 18 Prozent haben die innere Kündigung bereits vollzogen. (…) Lediglich 13 Prozent der Mitarbeiter hierzulande weisen eine hohe emotionale Bindung auf."*[22]

Im Jahr 2005 passiert den Forschern von Gallup offensichtlich ein Marketingfehler: *„Deutscher Mittelstand zeigt positiven Trend bei der Bindung der Mitarbeiter"*. Seit Jahren der erste positive Satz in einer Headline der Pressemeldungen rund um die Gallup-Studien. Allerdings wird dies im zweiten Teil der Headline gleich wieder korrigiert: *„Dennoch besteht ein erhebliches Verbesserungspotential"*[23]

Im August 2005 ist wieder Schluss mit positiv und man ist zurück im alten Fahrwasser: *„Engagement der ArbeitnehmerInnen in Deutschland verharrt* *auf niedrigem Niveau"*. Zur Erhöhung der Dramatik werden die Zahlen im August des Jahres 2005 nicht mehr nur in Form prozentualer Arbeitnehmeranteile angegeben. Nein, es galt den Fehler aus dem Februar zu korrigieren. Vermutlich dachte sich das „Alarmmarketing" bei Gallup, dass es viel dramatischer klingt, wenn man zu absoluten Werten wechselt: *„27,5 Millionen der insgesamt 31,660 Millionen ArbeitnehmerInnen hierzulande spüren keine echte Verpflichtung gegenüber ihrer Arbeit (87 Prozent): 21,845 Millionen Beschäftigte machen lediglich Dienst nach Vorschrift (69 Prozent), 5,699 Millionen haben die innere Kündigung bereits vollzogen (18 Prozent). Damit bleibt der Anteil der Beschäftigten, bei denen sich nur eine geringe oder keine emotionale Bindung im Job ausmachen lässt, auf hohem Niveau stabil (2004: 87 Prozent - 2003: 88 Prozent - 2002: 85 Prozent - 2001: 84 Prozent).*"[24]

Sie erkennen: Beim Wechsel auf absolute Zahlen werden ein paar Nachkommastellen ergänzt. Die Marketingfachleute bei Gallup wissen, dass das noch größer und schrecklicher wirkt und zudem darauf hindeutet, dass die Zahlen äußerst genau und verlässlich sind.

Für das Jahr 2006 zitiere ich aus dem Spiegel, der in seinem Artikel *„Frustfaktor Job"* das düstere Bild der Gallups über unsere Arbeitswelt nachzeichnet: *„Die Frustration bei deutschen Beschäftigten wächst: Die meisten fühlen sich emotional kaum an ihre Firma gebunden, gut ein Fünftel sabotiert sogar aktiv Interessen des Arbeitgebers"*, steht im fett gedruckten Abschnitt unter der Überschrift. Nach einem Hinweis darauf, dass die Gewinne zwar wieder steigen, weist die Autorin des Beitrags darauf hin, dass sich die Stimmung der deutschen Arbeitnehmer auch im Jahr 2006 nicht verbessert habe.[25] Es wird Sie kaum verwundern: *„Der Anteil derer, die sehr unglücklich mit ihrem Job sind, ist noch gestiegen."* Und wer hat es herausgefunden? Genau: *„Das belegen die aktuellen Ergebnisse einer Befragung von Angestellten durch die Gallup Organisation, ein internationales Beratungsunternehmen.*"[26]

Für das Jahr 2007 werden in der Gallup-Studie zur Arbeitslust in Deutschland folgende Werte ermittelt: *„Nur 12 Prozent aller Mitarbeiter fühlen sich ihrem Unternehmen emotional verbunden, 68 Prozent haben nur eine geringe*

emotionale Bindung und 20 Prozent gar keine emotionale Bindung zu ihrem Arbeit-
geber.'[27]

Im Jahr 2008 sind ebenfalls nur 13 Prozent der Arbeitnehmer mit Engagement bei der Sache. Im FAZ-Net steht hierzu: *„Die Arbeitskraft, nur noch Fassade"*[28] und im Jahr 2009 ist der Tiefstand erreicht: Nur noch 11 Prozent der Beschäftigten verfügen *„über eine hohe emotionale Bindung an ihren Arbeitgeber und gingen dementsprechend ihrer Arbeit mit Hand, Herz und Verstand nach".*[29] Das führt mit Blick auf die Ergebnisse im Jahr 2008 zu folgendem Zwischenfazit: *„Nur 2001, im ersten Jahr der Umfrage, war der Anteil der Engagierten mit 16 Prozent etwas höher als der Anteil der Frustrierten mit 15 Prozent."*[30]

Im Jahr 2009 wird von Gallup der niedrigste Wert der Engagierten seit der ersten Untersuchung 2001 festgestellt: Er liegt bei nur 11 Prozent. Der Anteil der Unengagierten beträgt 66 Prozent. *„Die aktiv ‚Unengagierten' sind, wie Gallup formuliert, verstimmt und zeigen ihre negative Einstellung gegenüber ihrer Arbeit und ihrem Arbeitgeber deutlich. Sie sind entweder unproduktiv oder haben sogar die ‚innere Kündigung' schon vollzogen."* Der Anteil dieser Gruppe lag im Jahr 2009 bei 23 Prozent.[31]

Die Zahlen für 2010 habe ich aus den Unterlagen eines Pressegesprächs der Gallup GmbH am 09.02.2011 entnommen: *„Von je 100 Beschäftigen in einem durchschnittlichen Unternehmen weisen 13 Personen eine hohe, 66 eine geringe und 21 Personen keine emotionale Bindung auf. Hochgerechnet auf die insgesamt 33,643 Millionen Erwerbstätigen in Deutschland haben 22,204 Millionen Personen nur eine geringe und 7,065 Millionen Personen gar keine emotionale Bindung zu ihrem Arbeitgeber."*[32]

„Die volkswirtschaftlichen Kosten aufgrund von innerer Kündigung belaufen sich auf eine Summe zwischen 121,8 und 125,7 Milliarden Euro jährlich."[33] – Stellen Sie sich bitte vor, was wir mit dem Geld alles bewegen könnten, wenn wir uns alle nur ein bisschen mehr anstrengen würden.

Aber es kommt noch besser. Der Autor Marco Nink, Strategic Consultant bei Gallup, verdeutlicht sehr plakativ, wie groß diese Zahlen sind:

„Diese Summen entsprechen
- 41.384.684.762 Big Macs zum Stückpreis von 2,99 EUR,
- 167.422.771 Apple iPhones 4 mit 32 GB,
- 7.354.544 VW Golf,
- 621.810 Einfamilienhäusern zum bundesweiten Durchschnittspreis,
- 429 Maschinen des weltgrößten Airbus A380,
- 19-mal dem Etat für „Familie" im Bundeshaushalt 2011,
- 11-mal dem Etat für „Bildung und Forschung" im Bundeshaushalt 2011."[34]

Liebe Gallups, ich habe einen Vorschlag für eure künftige Propaganda. Wenn Ihr die Kosten in Toastbrotscheiben umrechnet und diese gedanklich aneinanderreiht, verlasst Ihr vermutlich unsere Galaxie und stoßt hiermit in gänzlich neue Dimensionen vor.

Die fehlende emotionale Bindung führt im Jahr 2010 dazu, dass Mitarbeiter häufiger zu Hause bleiben, weil sie krankfeiern. *„Der deutschen Wirtschaft entstehen durch fehlende oder nur geringe emotionale Bindung der Beschäftigten zu ihrem Unternehmen Kosten in Höhe von 3,7 Milliarden Euro im Jahr – nur aufgrund von Fehlzeit (15 Millionen Fehltage).'*[35]

Als „Strategic Consultant" denkt man strategisch und beantwortet die Frage, was das Krankfeiern für ein einzelnes Unternehmen bedeutet, ebenfalls strategisch, also zugunsten der Strategie des eigenen Beratungsunternehmens, das kränkelnde Unternehmen natürlich gerne für üppige Honorare berät: *„Würde man bei einem Unternehmen mit der untenstehenden Anzahl an Mitarbeitern die Fehlzeit auf die Größenordnung der Beschäftigten mit hoher emotionaler Bindung an ihre Firma reduzieren (5,4 Tage pro Jahr), so würde dies eine Kostenentlastung in folgender Höhe ausmachen: Bei 500 Mitarbeitern sind es 55.000 Euro, bei 2.000 Mitarbeitern sind es 220.000 Euro und bei 30.000 Mitarbeitern sind es 3.300.000 Euro."*[36]

Aber was so ein richtiger „Strategic Consultant" ist, der legt nach den Zahlen zu den Fehlzeiten gleich mit den Zahlen zu den

Fluktuationskosten nach: Wer auf Dauer nur gering oder gar nicht emotional verbunden ist, der wechselt und das kostet: *„500 Mitarbeiter → 657.000 Euro, 2.000 Mitarbeiter → 2.600.000 Euro, 30.000 Mitarbeiter → 39.500.000 Euro.“*[37]

Und es geht noch weiter: *„Reduziert ein Unternehmen ... den Anteil seiner Mitarbeiter ohne emotionale Bindung um fünf Prozentpunkte und erhöht gleichzeitig den Anteil seiner Mitarbeiter mit hoher emotionaler Bindung um fünf Prozentpunkte, reduzieren sich die Fluktuationskosten wie folgt: 500 Mitarbeiter → 89.000 Euro, 2.000 → 357.000 Euro, 30.000 Mitarbeiter → 5.360.000 Euro.“*[38]

So macht man kleine Dinge groß. Ab und an mag eine übertriebene Darstellung angebracht sein – sonst hört einem keiner zu. Kritisch wird es jedoch, wenn es mit der Übertreibung übertrieben wird. Bei dem vermeintlich hohen Anteil der Unengagierten sowie derer, die nur Dienst nach Vorschrift machen, müsste sich doch jedes Unternehmen mit hohen Fluktuationsraten freuen. Man müsste nur noch dafür sorgen, dass auch die richtigen gehen. Oder sollten wir die Zahlen grundsätzlich in Frage stellen? Ehe wir das machen, kehren wir erst noch einmal zurück zu fantastischen Gallup-Jahreszahlen:

Im Jahr 2011 arbeiten nur 14 Prozent der Beschäftigten in Deutschland wirklich engagiert – mit einer hohen emotionalen Bindung zu ihrem eigenen Arbeitsplatz. *„Bei 23 Prozent der Beschäftigten in Deutschland ist eine geringe Arbeitszufriedenheit festzustellen. 63 Prozent der Beschäftigten in Deutschland verspüren, auf das Jahr 2011 bezogen, keine echte Verpflichtung ihrer Arbeit gegenüber, sind ‚unengagiert‘, 23 Prozent sogar ‚aktiv unengagiert‘, d.h. sie zeigen unerwünschtes Verhalten, das zu Lasten der Leistungs- und Wettbewerbsfähigkeit der Unternehmen geht.“*[39]

Die Ergebnisse der Gallup-Studie über das Jahr 2012 werden im Handelsblatt wie folgt überschrieben: *„Fehlende Motivation kostet Firmen Milliarden“.*[40] Im Artikel steht sodann: *„Der Anteil der hochmotivierten Angestellten ist in dem Zeitraum bei 15 Prozent nahezu unverändert geblieben. Um acht Punkte auf 61 Prozent geschrumpft ist die Gruppe der Menschen, die Dienst nach Vorschrift* *machen, weil sie nur eine geringe emotionale Bindung haben. Etwa im gleichen Umfang, plus neun Punkte auf 24 Prozent, ist seit 2001 die Gruppe derjenigen gewachsen, die innerlich bereits gekündigt hat. Das wären immerhin 8,4 Millionen Menschen."* [41] Der Ihnen schon bekannte Senior Consultant Nink gibt einen Kommentar zur Studie ab: *„Das sind die Leute, die sich schon am Sonntag nach dem ‚Tatort‘ fragen: Wann ist denn wieder Wochenende?".* [42] Diese Mitarbeiter sind laut Nink eine echte Bedrohung für jedes Unternehmen, da sie nicht nur eine unterdurchschnittliche Arbeitsleistung erbringen, sondern oftmals ihre Kollegen mit ihrer Unlust anstecken. [43]

Natürlich gibt es die üblichen Berechnungen von Gallup auch für das Jahr 2012: *„Allein die Fehltage, die auf Unlust zurückzuführen seien, kosteten die Betriebe 18 Milliarden Euro. Alles in allem gingen den deutschen Unternehmen bis zu 138 Milliarden Euro durch fehlendes Engagement verloren, ergaben Modellrechnungen von Gallup."* [44]

Für das Jahr 2013 zitiere ich wieder den Spiegel: *„Frust im Job: Jeder sechste Arbeitnehmer hat keinen Bock",* lautet die Überschrift.[45] *„Mit 16 Prozent sind nur wenige aller Arbeitnehmer bereit, sich freiwillig für die Ziele ihrer Firma einzusetzen. 67 Prozent der Deutschen machen nur ‚Dienst nach Vorschrift‘. Und der Anteil der Arbeitnehmer, die ‚innerlich gekündigt‘ haben, liegt bei 17 Prozent."*[46]

Der Spiegel-Artikel gibt auch die gewohnte Schadensberechnung der Gallups wieder: *„Laut Gallup-Schätzung entsteht durch schlecht motivierte Mitarbeiter ein volkswirtschaftlicher Schaden von 98,5 bis 118,4 Milliarden Euro pro Jahr. In Deutschland gibt es rund 33,8 Millionen Erwerbstätige ab 18 Jahren. Nimmt man an, dass von diesen 17 Prozent innerlich gekündigt haben, würde das bedeuten: Mehr als 5,4 Millionen Menschen arbeiten nur das Nötigste oder sabotieren gar die eigene Firma."*[47]

Führen Sie sich den letzten Satz noch einmal zu Gemüte: *„Mehr als 5,4 Millionen Menschen (…) sabotieren (…) die eigene Firma".* [48]

Das ist meiner Auffassung nach grober Unsinn und zudem eine Frechheit gegenüber der rechtschaffenen, arbeitenden Bevölkerung! Daher rührt meine Streitlust, das ist der Grund für diese Streitschrift. Die meinen nämlich auch Sie! Wenn Sie nicht in jeder Befragung den Top-Wert an-kreuzen, dann sind Sie sehr schnell der Gruppe der Demotivierten zuge-ordnet und zählen somit zu den sabotierenden Kostenverursachern!

Im Jahr 2014 liegt der Anteil deutscher Arbeitnehmer, die emotional nicht an ihren Arbeitgeber gebunden sind, bei 15 Prozent. Ich zitiere aus einem Artikel aus der Süddeutschen Zeitung online: *„Darüber hinaus weisen emotional nicht gebundene Mitarbeiter im Schnitt fünf Tage mehr Fehlzeiten auf als ihre emotional hoch gebundenen Kollegen." „Jeder Fehltag kostet ein Unternehmen im Schnitt 252 Euro"*, sagt der Gallup-Experte. *„Aus dem Mehr an Fehlzeit auf-grund fehlender oder nur geringer emotionaler Mitarbeiterbindung entstehen einem Un-ternehmen mit 2.000 Mitarbeitern Kosten in Höhe von etwa 1,3 Millionen Euro"*, fasst der Artikel die Aussagen des Gallup-Strategen Nink zusammen.[49]

Hinzu kommen die jährlichen Kosten für Mitarbeiterfluktuation. Hier gilt: je größer, desto teurer. *„Nach Berechnungen von Gallup belaufen sich die Kosten für ein Unternehmen mit 500 Mitarbeitern auf rund 617.000 Euro, für einen Konzern mit 30.000 Mitarbeitern werden bereits 36,9 Millionen Euro fällig."*[50]

Das Manager Magazin online betitelt seinen Artikel zur Studie über das Jahr 2014 wie folgt: *„Bindung steigt, Leidenschaft dümpelt"* und schreibt *„Die meisten machen immer noch Dienst nach Vorschrift und schlechte Führung verursacht horrende Kosten."*[51] Der Anteil deutscher Arbeitnehmer, die emotional nicht an ihren Arbeitgeber gebunden sind, sei im Vergleich zum Vorjahr auf 15 Prozent gesunken.[52]

Zu dem Vergleich von 2013 zu 2014 hätte die Pressemitteilung auch wie folgt lauten können „Deutschland engagiert sich: Der Anteil der Nichtengagierten ist im Vergleich zum letzten Jahr um 12 Prozent extrem gesunken". Schließlich ist der Anteil von 17 Prozent im Jahr 2014 (= 100 Prozent) um zwei Prozentpunkte auf 15 Prozent im Jahr 2013 gesunken. Wenn man die zwei Prozentpunkte auf die ursprüngliche Basis von 17 Prozent bezieht und 2 durch 17 teilt, gelangt man zu 11,765 Prozent und aufgerundet halt bei 12 Prozent. So hätte man positive Nachrichten in die Welt schreien können. Das tun die Gallups aber nicht, denn sie erforschen die Arbeitslust ja nicht, um solche positive Nachrichten in der Welt zu verbreiten.

Die Studienergebnisse im Jahr 2015 bringen, wie die WirtschaftsWoche online im März 2016 berichtet, keine neuen Erkenntnisse:

„Nur 16 Prozent der Arbeitnehmer sind mit Herz, Hand und Verstand bei der Arbeit. Die große Mehrheit, 68 Prozent der Beschäftigten, machen lediglich Dienst nach Vorschrift. 16 Prozent der Werktätigen sind emotional ungebunden und haben innerlich bereits gekündigt."[53]

Die Gallup-Pressemitteilung zur Studie 2016 hat folgende Überschrift: *„Gallup Engagement Index 2016: Schlechte Chefs kosten deutsche Volkswirtschaft bis zu 105 Milliarden Euro jährlich".* 15 Prozent aller *„Arbeitnehmer haben innerlich bereits gekündigt. 70 Prozent der Beschäftigten sind emotional gering gebunden und machen lediglich Dienst nach Vorschrift." „Nach Gallup-Berechnungen kostet die innere Kündigung aufgrund schlechter Führung die deutsche Volkswirtschaft insgesamt bis zu 105 Milliarden Euro jährlich."*[54]

Im FAZ-Net heißt es mit Bezug zur Gallup-Studie 2017, *„Satte 70 Prozent der Beschäftigten machen nur Dienst nach Vorschrift. Bei 15 Prozent ist es noch schlimmer: Sie haben schon innerlich gekündigt."*[55]

Die Personalwirtschaft online schreibt zur Gallup-Studie 2018: *„Lediglich 15 Prozent der Berufstätigen hierzulande weisen heute eine hohe emotionale Bindung an ihren Arbeitgeber auf. Fast drei Viertel (71 Prozent) und damit der Großteil fühlt sich nur gering ans Unternehmen gebunden. 14 Prozent der Arbeitnehmer besitzen gar keine emotionale Bindung zum Unternehmen."*[56]

planung & analyse online berichtet im Herbst 2019 unter der Überschrift *„Deutsche Arbeitnehmer fühlen sich allein gelassen"*, dass *„69 Prozent der befragten Deutschen lediglich Dienst nach Vorschrift"* machen. *„16 Prozent haben innerlich bereits gekündigt."* In einer Grafik findet man zum Artikel einige ergänzende Zahlen: *„25,585 Millionen haben nur eine geringe emotionale Bindung und 5,933 Millionen gar keine emotionale Bindung zu ihrem Arbeitgeber".*[57]

Betrachtet man die Entwicklung seit 2001, geht es über Jahre hinweg mal ein oder zwei Prozentpunkte rauf oder runter. Die Zahlen basieren auf den Angaben von ein paar Befragten, meist sind es circa 2.000 für ganz Deutschland. Die Variation in den Ergebnissen klingt für mich nach normaler Streuung beziehungsweise einer Zufallsverteilung.

Festzuhalten bleibt, dass der Engagement Index von Gallup seit 2001 nahezu konstant geblieben ist und dass laut Gallup Frustration und Demotivation in Deutschland die Herrschaft übernommen haben. Wir lassen in Deutschland Milliarden auf der Straße liegen und arbeiten ohne jegliches Engagement und völlig unwirtschaftlich. Ein relativ hoher Anteil an Mitarbeitern ist unproduktiv und zeigt ein Verhalten, das zu Lasten der Leistungs- und Wettbewerbsfähigkeit der Unternehmen geht. Das finden die Gallups seit der Jahrtausendwende in ihren jährlichen „repräsentativen" Studien heraus und weil es sich um ein renommiertes Institut handelt, kaufen Presse, Unternehmen und andere, die sich gerne über die Zustände aufregen, den Gallups dies immer wieder ab.

Aber vielleicht ist alles nur ein Irrtum, eine optische Täuschung oder ein Märchen oder grober Unsinn. Die Menschheit ging schließlich auch lange Zeit davon aus, dass die Erde eine Scheibe ist, und diejenigen, die anderer Ansicht waren, waren Abtrünnige. Hätte man sich zu damaligen Zeiten die Erde aus dem All anschauen können, hätte die Menschheit ihren Irrtum erkannt.

Um uns die Ergebnisse der Gallup-Studien aus einer anderen Perspektive anschauen zu können, brauchen wir glücklicherweise nicht ins All zu reisen, sondern unter Benutzung der eigenen Denkfähigkeit einfach nur einen kritischen Blickwinkel einzunehmen – selber denken hilft enorm. Schauen Sie sich bitte gemeinsam mit mir den Unsinn einmal etwas genauer an.

Können alle gleich gut und gleichermaßen engagiert sein?

Das Gallup-Institut berechnet alle Jahre wieder den volkswirtschaftlichen Schaden, der uns in Deutschland durch die demotivierten und frustrierten Mitarbeiter entsteht. Seit 2001 wird der Schaden auf weit über 100 Milliarden Euro jährlich geschätzt, so dass wir in dem noch jungen neuen Jahrtausend mittlerweile locker bei ein paar 1.000 Milliarden beziehungsweise mehreren Billionen angekommen sein müssten. Eine Billion hat viele Nullen: $1.000.000.000.000 = 10^{12}$. Und laut Gallup arbeiten in Deutschland zu viele Nullen.

Diese Berechnungen sind meiner Ansicht nach grober Unfug. Gallup setzt eine hohe emotionale Bindung mit intrinsischer Motivation gleich, die wiederum zu einer höheren Leistung führt.[58] Losgelöst von der Höhe einer solchen Korrelation reicht Wollen allein nicht aus, das Können beeinflusst die Leistung ebenfalls in einem hohen Ausmaß. Zudem gehen die Gallups bei ihren Berechnungen davon aus, dass alle so engagiert sein könnten wie die extrem Engagierten.

Das ist genauso unsinnig wie die Überlegung, wie gut und wertvoll ein Fußballclub wäre, wenn alle Spieler so brillant und teuer wie Lionel Messi wären, der über 100 Millionen Euro wert sein dürfte. Wenn man dem Berechnungsansatz von Gallup folgt, müsste man den Wert von elf Messis dem Wert der eigenen Mannschaft gegenüberstellen und das sich hierbei ergebende Delta wäre der jährliche Verlust. Die deutschen Fußballvereine würden bei einer solchen Überlegung jährlich zumindest hypothetisch mehrere Milliarden Euro Verlust machen, da die meisten Fußballer nicht so gut und daher nicht so viel wert sind wie Messi. Auch mit noch so intensiven Anstrengungen und Trainingsmaßnahmen würde es nicht gelingen, dass alle Spieler der Alemannia aus Aachen das Leistungsniveau von Messi erreichen – die Alemannia macht so gerechnet pro Jahr über eine Milliarde Verlust aufgrund mangelnden Könnens ihrer Spieler.

Die Annahme, dass wir alle so gut sein könnten wie die Talentiertesten und Besten ist unrealistisch und hat sich in der Realität bislang in keinem einzigen Zusammenhang bestätigt. Kurz: Die Grundannahme der Gallups, dass alle Menschen äußerst engagiert sein und dieselbe hohe Leistung erbringen können, erachte ich als unsinnig, also sind es die Ergebnisse ebenso.

Alles völlig normal

Die Rechnereien über die vermeintlichen Milliardenschänden aufgrund unmotivierter Mitarbeiter, die ihrem Arbeitgeber innerlich gekündigt haben, basieren auf dem Irrglauben, dass alle Menschen in Deutschland jemals mit dem gleichen Engagement und der gleichen Motivation arbeiten könnten. Das widerspricht allen bisherigen Erkenntnissen über zufällige Ereignisse im Universum. Im Durchschnitt regnet es an so und so vielen Tagen im Jahr auf der Erde, in manchen Regionen vermutlich fast täglich und in manchen gar nicht, beides tritt nicht überall in gleichem Maß auf und das ist normal.

Es gibt bei nahezu allem eine natürliche Verteilung. Genauso wenig, wie alle Deutschen gleich groß sind oder gleich häufig Sport treiben, genauso wenig werden wir alle jemals mit dem gleichen Engagement und dem gleichen Können arbeiten und dieselben Arbeitsleistungen erbringen. Laut einer Studie trieben im Jahr 2019 knapp 12 Millionen Deutsche mehrmals wöchentlich Sport, ungefähr 15 Millionen mehrmals im Monat, circa 4 Millionen ungefähr einmal im Monat, 10 Millionen seltener und fast 30 Millionen nie beziehungsweise machten keine Angabe.[59] Es gibt also deutliche Unterschiede hinsichtlich der sportlichen Aktivität der Deutschen.

Auch die grundsätzliche Zufriedenheit der Deutschen ist – logischerweise – nicht bei allen Menschen gleich hoch. Gemäß einer Umfrage im Herbst 2019 sind 33 Prozent aller Deutschen sehr zufrieden, 60 Prozent zufrieden, 6 Prozent nicht sehr zufrieden und ein Prozent überhaupt nicht zufrieden.[60]

Regelmäßig wird das Glücksniveau in Deutschland vom Institut für Demoskopie in Allensbach (IfD) gemessen. Im Jahr 2015 lagen wir in Deutschland bei 7,02 Punkten (Skala von 0 bis 10), im europäischen Vergleich aber „nur" auf Platz 10. Der Durchschnitt von 7,02 resultierte aus großen Unterschieden innerhalb der Bevölkerung.[61]

Eurostat misst die Lebenszufriedenheit, da belegten wir im Jahr 2015 in Europa Platz 12. Auf einer Skala von 0 = „überhaupt nicht zufrieden" bis 10 = „vollkommen zufrieden" erreichten die Deutschen 7,3 Punkte und lagen damit leicht über dem EU-Durchschnitt von 7,1. Wie in anderen Studien gab es in jedem Land extrem zufriedene, sehr zufriedene, weniger zufriedene, unzufriedene und besonders unzufriedene Menschen[62] und der Anteil der extrem Zufriedenen und der extrem Unzufriedenen ist relativ gering.

Unterschiede und Streuung sind normal und es gibt so etwas wie eine normale Verteilung. Die heißt daher auch Normalverteilung.

Sehen Sie sich nun die Zeitreihe der Gallup-Studien an:

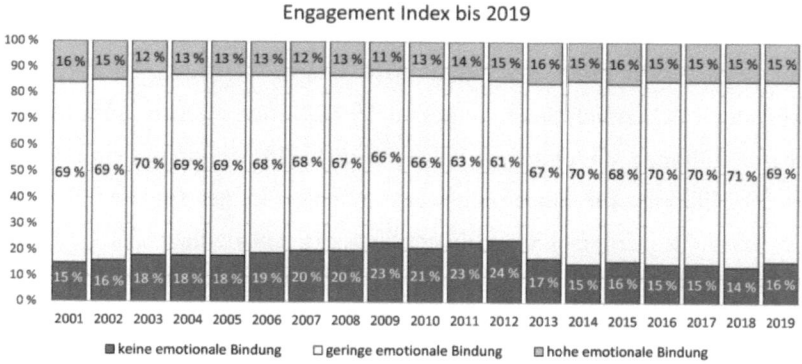

Abbildung 1: Zeitverlauf Engagement Index bis 2019 in Anlehnung an Gallup[63] [64] [65]

Es fällt auf, dass die schwarzen Anteile, die den Befund „keine emotionale Bindung" darstellen, und die hellgrauen Anteile, die „hohe emotionale Bindung" darstellen, in den meisten Jahren ähnlich groß waren.

Das ist eine Verteilung, die vielen Menschen und jedem Statistiker bekannt vorkommen wird. Werte verteilen sich um einen Durchschnittswert, die meisten Werte liegen nahe beim Durchschnittswert, große Abweichungen vom Durchschnitt treten seltener auf. Das erscheint normal. Genauso normal wie die Tatsache, dass einige Kolleginnen den ganzen Tag quatschen, von morgens bis abends ein einziges Geschnatter, und andere Kollegen kaum oder allenfalls auf gezielte Anfrage sprechen, wobei es genauso viel schwatzende Kollegen und kaum redende Kolleginnen gibt. Einige Mitarbeiter schaffen extrem viel, sie werden teilweise Leistungsträger genannt, bei anderen fragen sich viele, warum die überhaupt Lohn erhalten, da sie so gut wie nichts schaffen.

Die Extreme sind seltener, die meisten von uns liegen irgendwo dazwischen. Ganz kleine Frauen und riesengroße Frauen sind seltener als durchschnittlich große Frauen, was übrigens für Männer gleichermaßen gilt.

Viele Dinge sind normalverteilt, nach heutigem Wissenstand ist sogar die Mehrzahl aller zufälligen Ereignisse normalverteilt. Daher kann man die so genannte Gauß'sche Normalverteilung in vielen Anwendungsgebieten gut gebrauchen, ob es um technische Maße oder Fehleranalysen im Qualitätsmanagement geht, um Wartezeiten von Patienten, um die Einkommensverteilung, Unternehmensgewinne oder Kosten- und Leistungskennzahlen. Die Intelligenz ist ebenfalls annähernd normalverteilt, was sowohl für Mitarbeiter als auch für Führungskräfte und für Männer und Frauen gleichermaßen gilt.

Auf der folgenden Seite sehen Sie eine Abbildung mit der Normalverteilung sowie der Standardabweichung:

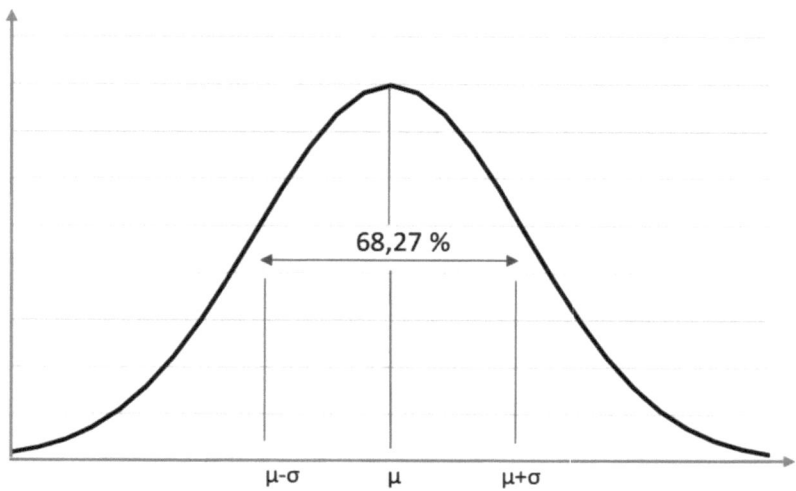

Abbildung 2: Normalverteilung mit Standardabweichung

Bei der Normalverteilung liegen in etwa zwei Drittel (68,27 Prozent) aller Werte in dem Bereich Mittelwert plus/minus einfacher Standardabweichung, wobei es genauer gesagt der Erwartungswert des Mittelwerts sein müsste, was uns an dieser Stelle aber nicht weiter stören soll. Der größte Teil der Werte liegt im Bauch der Kurve.

Diese Normalverteilung beschreibt also die Normalität. Will man dem Unsinn von Studien auf die Schliche kommen, sind einige Grundkenntnisse über Verteilungsfunktionen, Statistik und Wahrscheinlichkeiten sehr hilfreich. Schauen Sie sich das mit mir am Beispiel der Körpergröße von Männern an. Die meisten Kerle sind durchschnittlich groß. Üblich für Männer in Deutschland ist eine Körpergröße irgendwo zwischen 174 und 181 cm, im Schnitt sind es allgemeinen Statistiken zufolge in etwa 179 cm.[66] Einige Frauen meinen, die meisten Männer seien in allen Belangen durchschnittlich, womit sie rein statistisch betrachtet Recht haben. Bei genauerer Betrachtung des Einzelnen jedoch nicht. Es ist nämlich ein eher seltenes Ereignis, dass jemand genau auf den Punkt 179 cm misst, durchschnittlich intelligent ist, durchschnittlich viel Geld verdient, ein durchschnittliches Auto fährt, durchschnittlich viele Kilometer pro Jahr zu Fuß geht, durchschnittlich viel Fleisch pro Woche isst, ein durchschnittlicher Liebhaber ist usw. Es ist deutlich wahrscheinlicher, dass er bei der Vielzahl möglicher Variablen, in denen man durchschnittlich sein kann, irgendwo vom Standard abweicht und eben nicht genau dem Durchschnitt entspricht.

Zurück zur Körpergröße. Ein paar wenige Männer sind kurz, sehr kurz, und zwar unter einem Meter fünfzig. Weniger als 0,3 Prozent aller Männer sind kleiner als 150 cm. Ebenso sind nur wenige größer als 2 Meter, laut einer Umfrage sind es 0,2 Prozent.[67] Die meisten Kerle sind kleiner oder größer als diese Extreme und liegen größenmäßig irgendwo dazwischen. Sehen Sie hier, wie die Verteilungskurve von Männern nach ihrer Größe ohne die genauen Längenangaben ungefähr aussieht:

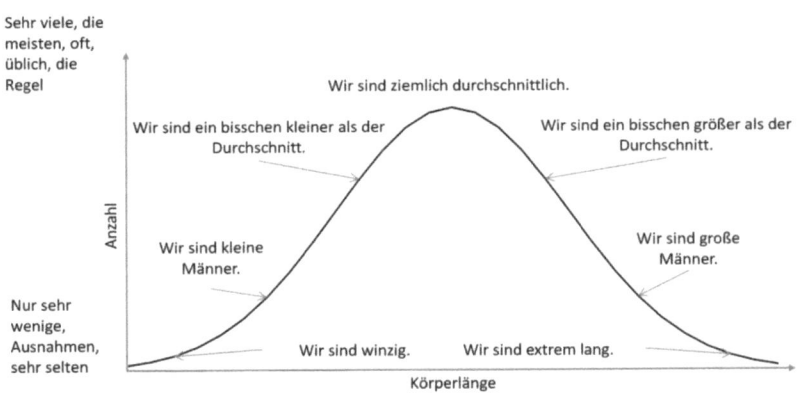

Abbildung 3: Normalverteilung Körpergröße

Beim Engagement ist das nicht anders. Es gibt die äußerst Engagierten und es gibt diejenigen, die mit größerer Häufigkeit ein Nickerchen machen und ausgeschlafen wieder von der Arbeit nach Hause kommen. Und es gibt sehr viele, die irgendwo dazwischen liegen, die also in der Regel arbeiten, nicht dabei einschlafen, sich allerdings auch nicht jeden Tag bis zur völligen Erschöpfung verausgaben.

Die seit Jahren nahezu konstante Verteilung der Werte bei Gallup zeigen dasselbe, wie Sie in der Grafik unten sehen können. Ich stelle die Jahre 2014 und 2019 dar, an denen man es sehr gut sieht.

Wer über die Normalverteilung Bescheid weiß, für den sieht das Ergebnis der Gallup-Studien völlig normal aus. Die meisten Leute sind irgendwie mittelmäßig engagiert, manche etwas mehr und manche etwas weniger und nur sehr wenige sind so gut wie gar nicht oder äußerst engagiert. Mit dem Engagement in Deutschland und damit mit uns Deutschen ist also alles vollkommen normal.

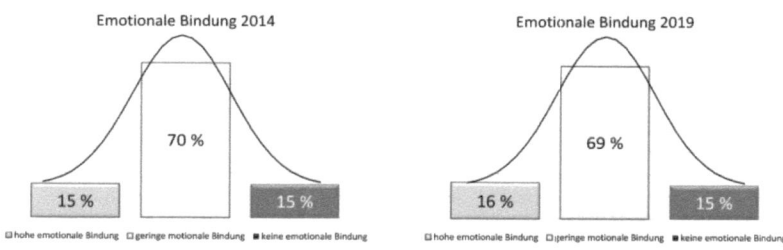

Abbildung 4: Normalverteilung Engagement[68]

Auch Veränderungen im Zeitablauf sind etwas völlig Normales. Dass es in der Zeitreihe des Engagement Index von 2001 bis heute gewisse Schwankungen gibt, ist genauso normal wie die Tatsache, dass es in den Jahren unterschiedlich viel geregnet hat. Es ist völlig normal, dass es irgendwann Ausreißer gibt, also extreme Niederschläge oder eben einen „extrem" hohen Anteil von Mitarbeitern mit hoher emotionaler Bindung, wobei die Extreme in der Gallup-Zeitreihe nur marginal voneinander abweichen. Zwischen dem im Zeitablauf höchsten Anteil an Mitarbeitern mit hoher emotionaler Bindung und dem niedrigsten Anteil an Mitarbeitern mit hoher emotionaler Bindung liegen lediglich 5 Prozentpunkte. Beim Regen sind die Ausschläge extremer, manchmal regnet es an einem Ort an einem einzigen Tag so viel wie anderenorts im ganzen Jahr. Was extrem viel oder wenig ist, war schon immer relativ.

Wer Rückschlüsse aus empirischen Daten ziehen will, muss sicherstellen, dass er das Richtige richtig gemessen hat. Das Kernproblem bei den zuvor beschriebenen Rückschlüssen über die demotivierten Arbeitnehmer in Deutschland ist jedoch darin zu sehen, dass es sich um menschliche Interpretationen und somit subjektive Wahrheiten handelt – und die sind aus meinem Blickwinkel nicht richtig, was wiederum meine subjektive Wahrheit ist.

Arbeiten wir wirklich ohne Engagement?

Dieser Frage wollen wir auf den Grund gehen und zunächst schauen, ob das Messergebnis, demzufolge der größte Teil von uns nur Dienst nach Vorschrift macht, richtig ist.

Zur Beurteilung der Qualität der Daten oder Ergebnisse, die bei einem Messvorgang erhoben wurden, oder zur Überprüfung eines Messmodells dienen in der empirischen Sozialforschung die so genannten Gütekriterien Objektivität, Reliabilität und Validität. *„Nur wenn allen Gütekriterien innerhalb bestimmter Bandbreiten Rechnung getragen wird, können aus einer Untersuchung verlässliche Schlussfolgerungen gezogen werden",*[69] steht in der Online-Version von Gablers Wirtschaftslexikon. Darüber hinaus müssen die Ergebnisse repräsentativ sein, also von der Stichprobe auf die Grundgesamtheit hochgerechnet werden können.[70]

Die Repräsentativität der Studienergebnisse unterstellen wir der Einfachheit halber nachfolgend und gehen davon aus, dass die Profis von Gallup diesbezüglich richtig vorgegangen sein werden.

Objektivität bedeutet, dass die Ergebnisse unabhängig vom Untersuchungsleiter beziehungsweise von subjektiven Einflüssen sind, was wir bei den Gallup-Studien als gegeben ansehen können. Die Validität einer Messung gibt Auskunft darüber, ob das, was gemessen werden soll, auch wirklich gemessen wird. Eine Voraussetzung für die Validität ist die Reliabilität. Sie beschreibt die formale Genauigkeit beziehungsweise die Verlässlichkeit einer Messung. Ein Messinstrument gilt als reliabel, wenn bei wiederholter Messung das Gleiche herauskommt. Wenn also ein Weitspringer einen 9,21 Metersatz macht und die Messung auch beim x-ten

Nachmessen immer noch zu demselben Ergebnis 9,21 Meter führt, dann ist das Messinstrument reliabel.

Die langjährige Konstanz in den Ergebnissen der Gallup-Studien könnte folglich für die Reliabilität des Messinstruments sprechen. Es darf allerdings bezweifelt werden, dass die Rahmenbedingungen für das Engagement der Beschäftigten in Deutschland seit 2001 nahezu unverändert geblieben sind. Wird also mit den von Gallup gestellten Fragen überhaupt das Engagement oder vielleicht etwas völlig anderes gemessen? Ob das gemessen wird, was gemessen werden soll, darüber gibt die Validität einer Messung Auskunft.

Eine Möglichkeit, die Validität einer Messung zu überprüfen, liegt darin, sich den Zusammenhang mit nachgelagerten oder abhängigen Variablen anzusehen. Die Gallups kommunizieren, dass sich emotional gebundene Mitarbeiter stärker engagieren, daher weniger krank sind, seltener das Unternehmen wechseln und den Unternehmensgewinn verbessern.

Wenn also das Engagement der Mitarbeiter steigt, müssten Krankenstände und Fluktuationsraten sinken und Umsatz und Unternehmensgewinn steigen. Doch wie haben sich diese nachgelagerten Größen entwickelt? Ein Blick auf die Entwicklung der Krankenstände – sehen Sie die Abbildung 5 auf der folgenden Seite – zeigt: Der vom Bundesministerium für Gesundheit als prozentualer Anteil arbeitsunfähiger, kranker Pflichtmitglieder ausgewiesene Krankenstand variiert zwischen 2001 und 2019 innerhalb einer Bandbreite von nur einem Prozent.

Das von Gallup gemessene Engagement der Arbeitnehmer ändert sich ebenfalls kaum, was für einen Zusammenhang sprechen würde. Allerdings wäre bei den von Gallup ausgewiesenen Massen an unengagierten und innerlich gekündigten Mitarbeitern sowie den Milliardenschäden für die deutsche Wirtschaft ein weitaus höherer Krankenstand zu erwarten. Vor diesem Hintergrund wirken sich die vermeintlichen Defizite beim Engagement und der Mitarbeiterbindung offensichtlich nicht spürbar auf die Krankenstände aus, die sich konstant auf niedrigem Niveau bewegen.

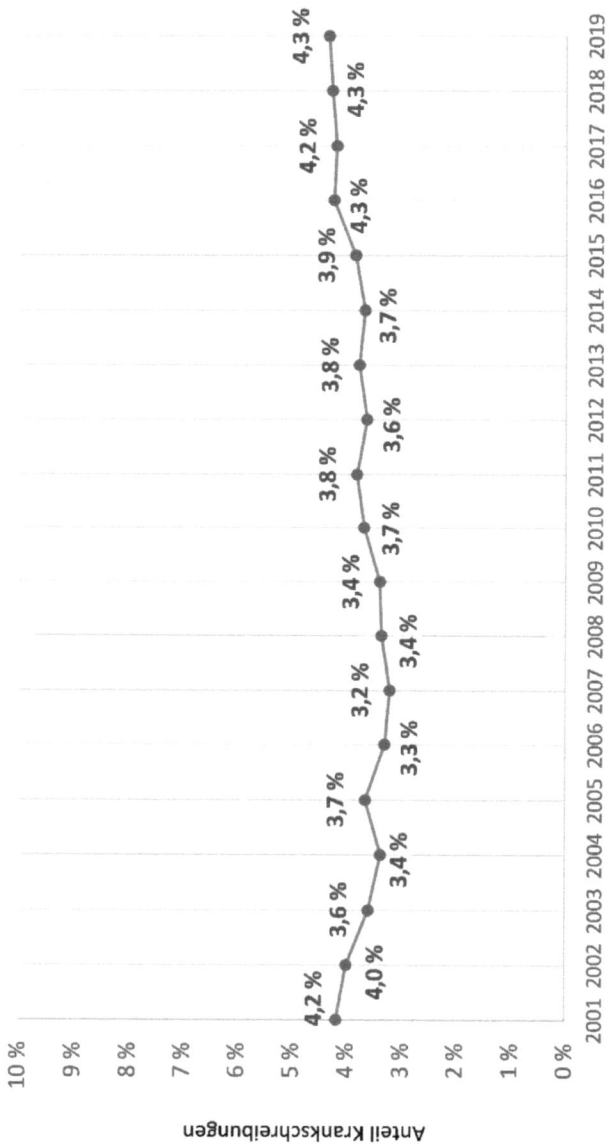

Abbildung 5: Entwicklung des Krankenstandes in der BRD[71] [72]

Wie sieht es mit den Fluktuationsraten aus? In der Veröffentlichung „*Arbeitsmarkt auf einen Blick*" des Statistischen Bundesamts aus dem Jahr 2016 schreiben die Statistiker: „*Der Anteil neu eingestellter Arbeitskräfte an der Gesamtbeschäftigung ist ein Indikator für die Fluktuation auf dem Arbeitsmarkt.*" Nachfolgend erfährt man, dass im Jahr 2017 „*13 % der Erwerbstätigen von 20 bis 64 Jahren in den letzten zwölf Monaten neu eingestellt*" wurden. „*Der Anteil dieser Personen an der Gesamtbeschäftigung ist in den letzten zehn Jahren relativ konstant geblieben.*"[73] Während die Gallups extreme Konsequenzen schon bei leichten Veränderungen beim Engagement und im Anteil emotional gebundener Mitarbeiter propagieren, ändert sich an der Fluktuationsrate im gleichen Zeitraum nichts. Es ist wohl besser, die Interpretation von Gallup zu ignorieren und sich auf Basis der Fakten eine eigene Meinung zu bilden: Das Engagement ist über die Jahre hinweg nahezu gleichgeblieben, der Anteil emotional gebundener Mitarbeiter ebenfalls und bei der Fluktuationsrate und den Krankenständen hat sich auch nicht viel verändert. – Passt doch alles.

Das Institut der deutschen Wirtschaft (IW) kommt allerdings zu anderen Zahlen. Danach wurden im Jahr 2015 fast ein Drittel aller sozialversicherungspflichtigen Beschäftigungsverhältnisse neu begonnen oder beendet, fünf Prozentpunkte mehr als noch 2011. Das Institut der deutschen Wirtschaft sah die Ursache für diese Zahlen jedoch nicht in der Entwicklung des Anteils emotional gebundener Mitarbeiter, sondern nahezu ausschließlich in der Entwicklung des Arbeitsmarkts: „*Je besser der Arbeitsmarkt läuft und je niedriger die Arbeitslosigkeit ist, desto eher wagen Arbeitnehmer den Sprung in einen anderen Job*", wird Holger Schäfer vom Institut der deutschen Wirtschaft in der Online-Ausgabe der Frankfurter Allgemeinen Zeitung vom 17.05.2016 zitiert.[74] Demnach sind es also andere Größen, die die Fluktuationsrate beeinflussen, und nicht das Engagement.

In ihrem „*Verhaltensökonomischen Modell für organisches Umsatzwachstum*" beschreiben die Gallups einen „*mikroökonomischen Pfad*"[75], der folgendermaßen verläuft: Finde die richtigen Leute, gib ihnen die richtige Aufgabe, sorge mit ausgezeichneten Führungskräften dafür, dass sie mit vollem Engagement und großer Leidenschaft gemeinsam in die richtige Richtung arbeiten und jeden Tag einen Beitrag zur emotionalen Kundenbindung leisten, dann wachsen Umsatz, Gewinn und Unternehmenswert quasi automatisch. – Das klingt nach den Grundlagen der Betriebswirtschaftslehre im ersten Semester. Aus der Sicht des Gallup-Instituts ist es ein Meilenstein der Wissenschaftstheorie.

Am Ende des *„mikroökonomischen Pfads"* stehen bei Gallup Umsatz- und Gewinnsteigerungen. Bei einer gesamtwirtschaftlichen Betrachtung können wir somit das Bruttoinlandsprodukt als Kriterium zur Überprüfung der Validität heranziehen. Wenn das Engagement der deutschen Arbeitnehmer steigt (sinkt), sollte auch das Bruttoinlandsprodukt steigen (sinken) und beide Größen müssten irgendwie miteinander korrelieren – die Ergebnisse der Gallup-Studien sind schließlich repräsentativ. Insbesondere der Anteil der hoch engagierten Mitarbeiter müsste einen spürbaren Einfluss auf unser Bruttoinlandsprodukt haben.

Die folgende Abbildung zeigt, wie sich das Bruttoinlandsprodukt zwischen 2001 und 2019 entwickelt hat.

In der darauffolgenden Abbildung sehen Sie, wie die Entwicklung des Engagements der besonders engagierten Mitarbeiter mit hoher emotionaler Bindung laut Gallup im Zeitraum von 2001 bis 2019 verlief.

Werfen Sie bitte erst einen Blick auf die Abbildungen und kehren Sie dann hierher zurück.

Die Entwicklung des Bruttoinlandsprodukts steht nicht in einem Zusammenhang mit dem Engagement Index, eine Korrelation ist nicht erkennbar. Trotzdem wird von Gallup seit 2001 jedes Jahr aufs Neue der volkswirtschaftliche Schaden mangelnden Engagements hervorgehoben. Offenkundig wirkt sich dieses mangelnde Engagement hochgradig positiv auf die wirtschaftliche Entwicklung unseres Landes aus. Das Bruttoinlandsprodukt ist deutlich gestiegen.

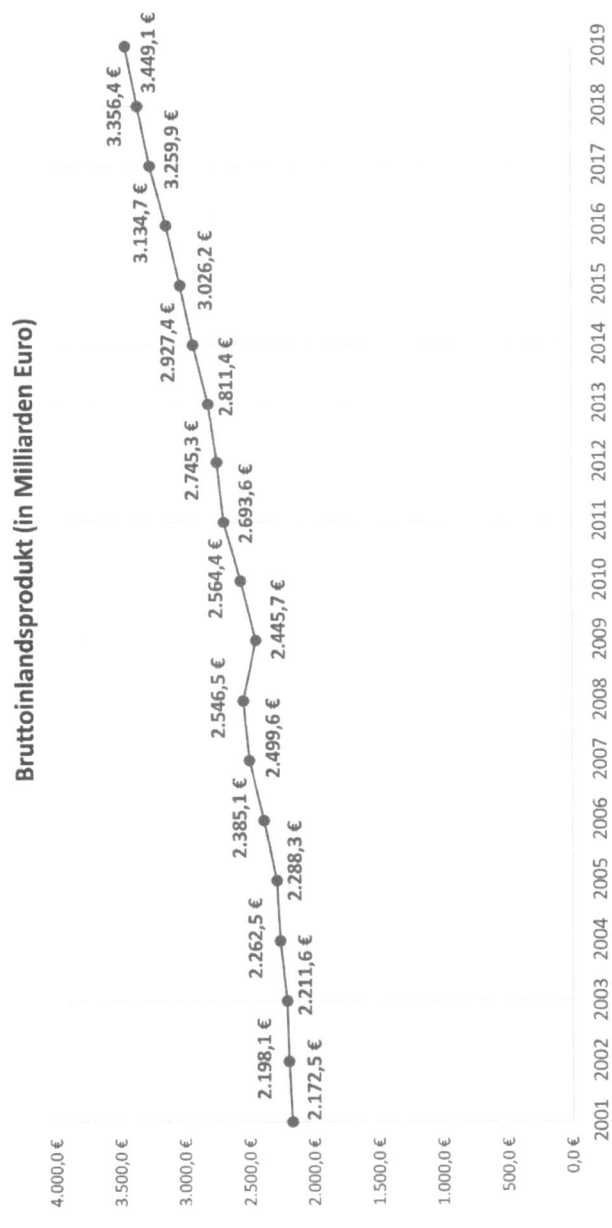

Bruttoinlandsprodukt (in Milliarden Euro)

Abbildung 6: Entwicklung des Bruttoinlandsprodukts[76]

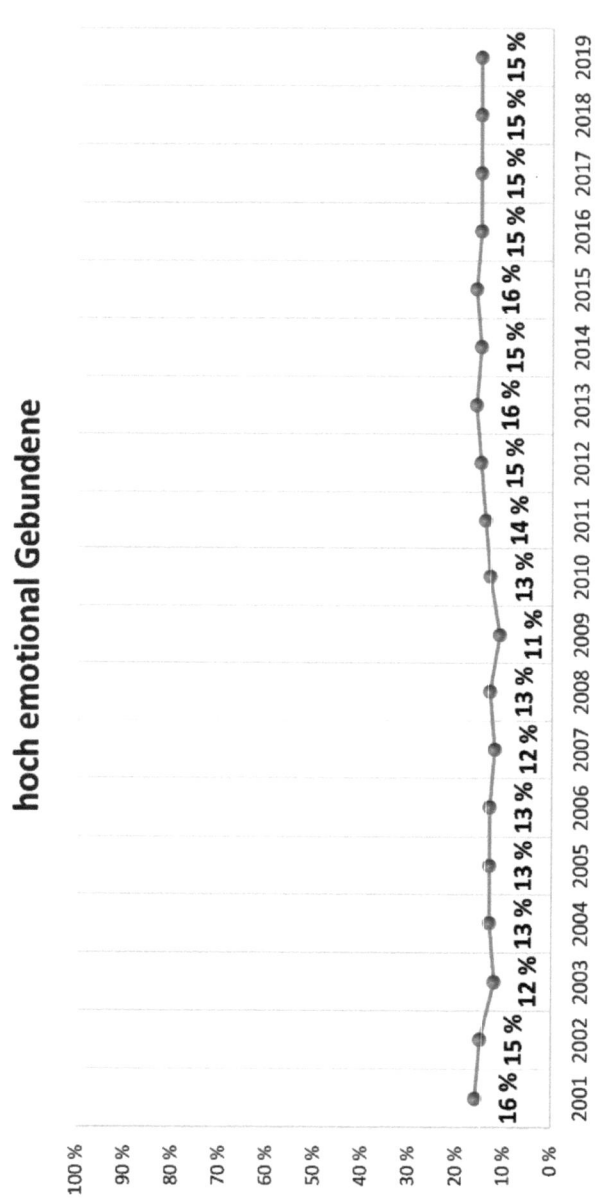

Abbildung 7: Entwicklung der hoch emotional gebundenen Mitarbeiter[77][78][79]

Das wirft Fragen auf: Wenn das mangelnde Engagement mit einer hohen Unzufriedenheit der Mitarbeiter korreliert, ist dann eine hohe Unzufriedenheit ein zentraler Treiber für wirtschaftlichen Erfolg? Ist die Theorie, dass eine hohe Mitarbeiterzufriedenheit eine wichtige Zielgröße für Unternehmen ist, etwa falsch? Treibt uns vielleicht erst eine hoch ausgeprägte Unzufriedenheit wirklich an?

Ich hatte bereits darauf hingewiesen, dass Gallup den Begriff des Engagements mit emotionaler Bindung gleichsetzt, wobei sie hiermit eine intrinsische Motivation meinen. Gleichzeitig weist Gallup darauf hin, dass die emotionale Bindung von der Mitarbeiterzufriedenheit zu unterscheiden wäre, weil Arbeitnehmer gleichzeitig zufrieden und gleichgültig sein könnten.[80] Demgegenüber stehen unzählige Studien, die einen eindeutigen Zusammenhang zwischen den Faktoren, die die Mitarbeiterzufriedenheit beeinflussen (beispielsweise Arbeitsplatz, Verhalten der Führungskraft, Teamklima, gemeinsame Ziele etc.) sowie dem Engagement und der Leistung von Mitarbeitern nachweisen. Darüber hinaus spiegelt sich in der Bemerkung, dass Arbeitnehmer zufrieden und gleichgültig sein können, ein gar krudes Weltbild wider. Ich will nicht bestreiten, dass es in seltenen Fällen eine solche Korrelation zwischen Zufriedenheit und mangelndem Engagement gibt und das so etwas wie eine lethargische Zufriedenheit existiert. Allerdings ist die motivationale Arbeitszufriedenheit weitaus stärker verbreitet und der sehr zufriedene Mitarbeiter arbeitet in der Regel sehr gerne und ist zudem auch intrinsisch motiviert und sehr engagiert. Überdies gibt es auch die Kombination einer hohen Unzufriedenheit mit einer zugleich nur sehr gering ausgeprägten emotionalen Bindung an den Arbeitgeber, wobei trotzdem eine sehr hohe Leistung erbracht wird, beispielsweise aus Angst, den Job zu verlieren. Man muss folglich genau hinschauen, ehe man falsche Rückschlüsse zieht.

Daher gehen wir der Frage nach, ob eine geringe Mitarbeiterzufriedenheit und geringe emotionale Bindung zu mehr (oder ggf. weniger) Leistung führen.

Betrachtet man die Gallup-Ergebnisse zu allen Mitarbeitergruppen unterschiedlichen Engagements und deren Entwicklung im Zeitverlauf ist kein Zusammenhang zwischen Engagement und Bruttoinlandsprodukt erkennbar.

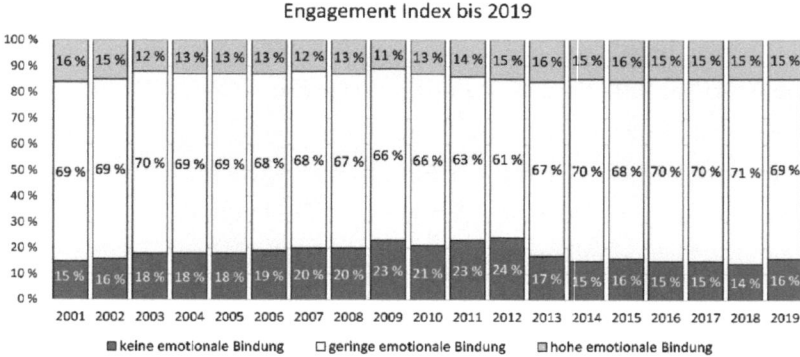

Abbildung 8: Zeitverlauf des Engagement Index bis 2019 in Anlehnung an Gallup[81] [82] [83]

Laut den zuvor zitierten Beispielberechnungen von Gallup über die immensen finanziellen Auswirkungen des Mitarbeiterengagements müssten schon kleinere Veränderungen beim Index zu erheblichen und damit messbaren Veränderungen im Bruttoinlandsprodukt führen. Das ist aber nicht der Fall. Bedeutet das im Umkehrschluss, dass es überhaupt keinen Zusammenhang zwischen Engagement und finanziellen Ergebnissen gibt?

Halten wir fest: Eine hohe Validität des Engagement-Ansatzes von Gallup kann nicht festgestellt werden. Ganz im Gegenteil, es lässt sich rein gar nichts aus den Erhebungen ableiten – außer einer jahrelangen Konstanz im Engagement. Aber ich wollte den Unsinn völlig zerlegen, und damit bin ich definitiv noch nicht fertig! Der Unsinn ist noch viel absurder, als Sie denken.

Der Berg der Frustrierten
fällt in sich zusammen

Das mangelnde Engagement am Arbeitsplatz ist – folgt man den Gallup-Zahlen – eine tickende Zeitbombe. Die Zahl der Frustrierten nimmt zu:

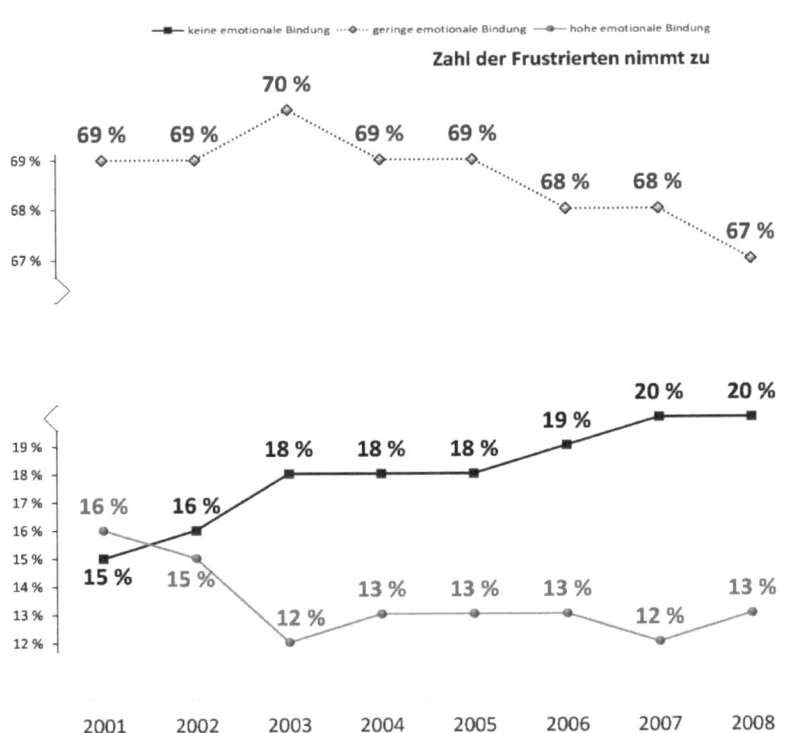

Abbildung 9: Entwicklung der Frustrierten und Unengagierten[84]

Die Abbildung der exemplarisch nochmals skizzierten Entwicklung von 2001 bis 2008 ist angelehnt an eine im bereits zitierten Spiegel-Artikel gezeigte Darstellung, die sich im Original jedoch nur auf den Zeitraum bis zum Jahr 2006 bezog. Über dieser steht *„Die Zahl der Frustrierten nimmt zu“*.[85] Eine reale Katastrophe, so scheint es.

Schauen Sie sich nun aber die Frustrationszunahme und das Ansteigen der Anzahl der Frustrierten im Detail an: Die Grafik zeigt den höchsten Punkt bei 70 Prozent: der Gipfel der Frustrierten ragt im Gebirge der Frustrationen deutlich nach oben hinaus. Vor uns liegt der Himalaya der Demotivation in Deutschland.

Wer guckt schon auf die Achsen? Wir – und zwar jetzt. Die Achse beginnt auf der linken Seite bei 69 Prozent. Es sieht schließlich dramatischer aus, wenn sich ein Berg voller Demotivierter bei 70 Prozent auftürmt – ein Prozent, das kann extrem viel sein, je nachdem, was man sieht.

Bei circa 67 Prozent wird die Achse abgeschnitten. So bekommt man eine wahre Talfahrt der Motivation zu sehen, einen Absturz von 70 auf 68 Prozent. Die Motivation ist im freien Fall um ganze zwei Prozentpunkte gesunken.

Im unteren Teil der Grafik befinden sich zwei weitere Kurven. Hier wird es richtig spannend. Der prozentuale Anteil an Mitarbeitern mit hoher Bindung nimmt radikal ab. Der Anteil an Mitarbeitern ohne jegliche Bindung scheint so steil bergauf zu gehen, wie der Anstieg nach Alpe d' Huez bei der Tour de France. Wen interessiert es da schon, dass wir es lediglich mit einer Veränderung im unteren einstelligen Prozentbereich zu tun haben? Und wem fällt auf, dass die Differenz zwischen den 19 Prozent ohne emotionale Bindung und den 13 Prozent mit hoher Bindung, in Summe also 6 Prozentpunkte, nahezu dreimal größer als die Differenz zwischen den gleichen 13 Prozent und der Nulllinie erscheinen?

Ich habe dieselben Zahlen für Sie einmal anders aufbereitet. So eine Prozentskala geht schließlich von 0 bis 100 Prozent, dafür steht nämlich der

Begriff Prozent. Gucken Sie sich das Ergebnis meiner Korrektur an: Weg ist er, der Berg der Frustrierten!

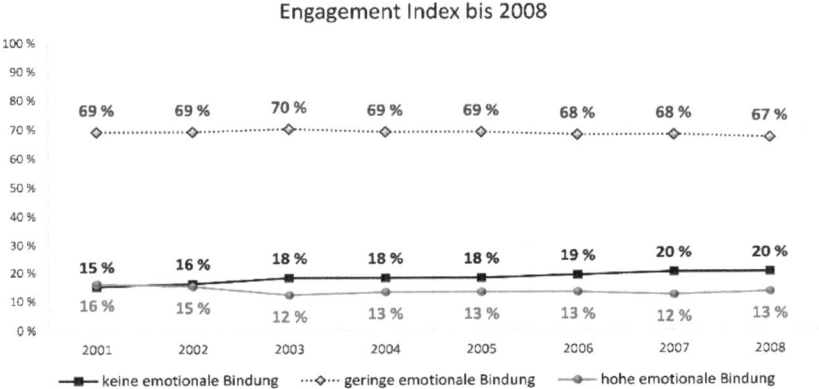

Abbildung 10: Engagement Index bis 2008 – Gallup-Zahlen in einer Prozentskala bis 100 Prozent

Gut, ich gebe zu, meine Grafik ist nicht so schön anzuschauen. Darauf kam es mir aber auch nicht an. Werfen Sie einen Blick auf die Mitarbeiter mit geringer Bindung, also auf die Kurve oben in der Abbildung. Wie, Sie sehen den Steilflug nach unten nicht mehr? Ich auch nicht. Sieht alles ziemlich gerade aus, oder?

Und nun richten Sie Ihr Augenmerk auf die beiden unteren Kurven. Kommt es Ihnen nicht auch so vor, als würden diese seit dem Jahr 2003 nahezu gerade und parallel zueinander verlaufen? Der Berg der Frustrierten ist in sich zusammengefallen und beinahe zur Gerade mutiert.

Wo ist die Dramatik hin? Es kann doch nicht sein, dass eine so winzige Veränderung – alle drei Ergebnisse in einer Prozentskala bis 100 zu zeigen – zu einer gänzlich anderen Bewertung führt?

Jedenfalls nehme ich die Panikmache rund um das mangelnde Engagement der Arbeitnehmer in Deutschland noch genauer unter die Lupe:

Richtiges Alarmmarketing fängt damit an, dass man Daten zum richtigen beziehungsweise passenden Zeitpunkt erhebt. Die Gallup-Erhebung wurde noch bis vor wenigen Jahren immer im Herbst durchgeführt. Im Herbst gehen saisonal die Beschäftigungsquote runter und die Arbeitslosenzahlen rauf. Im Herbst wird es früher dunkel und später hell. Im Herbst wird das Wetter schlechter, die Blätter fallen, die Farbe in der Natur geht verloren und die Stimmung sinkt. Klar, dass man eine solche Befragung genau in der Zeit durchführt, in der die Stimmung ohnehin jedes Jahr in den Keller geht.

Diesen Effekt können Sie übrigens messen, in Vergleichsstudien zeigen sich bei Mitarbeiterbefragungen im Frühjahr bessere Ergebnisse als im Herbst – wir sind im Frühjahr besser und im Herbst schlechter drauf.

Aber wir gehen weiter der Frage nach, ob wir wirklich alle so demotiviert sind oder ob es sich lediglich um einen Messfehler, einen Irrtum oder völligen Unsinn handelt.

Hoch motiviert ins neue Jahrtausend

Die Fluktuationsraten und die von Gallup berechneten Kosten der Fluktuation basieren auf den empirischen Ergebnissen der Gallup-Studien. Regelmäßig wird eine laut eigenen Angaben repräsentativ ausgewählte Mitarbeiterschar danach gefragt, ob sie in einem Jahr noch bei der derzeitigen Firma bleiben möchte. Gucken Sie sich das Ergebnis an. Es sieht so aus, als wollten die Frustrierten nur noch weg und ihrem Arbeitgeber den Rücken zukehren. Nur diejenigen mit hoher emotionaler Bindung beabsichtigen, bei ihrem Arbeitgeber zu bleiben.

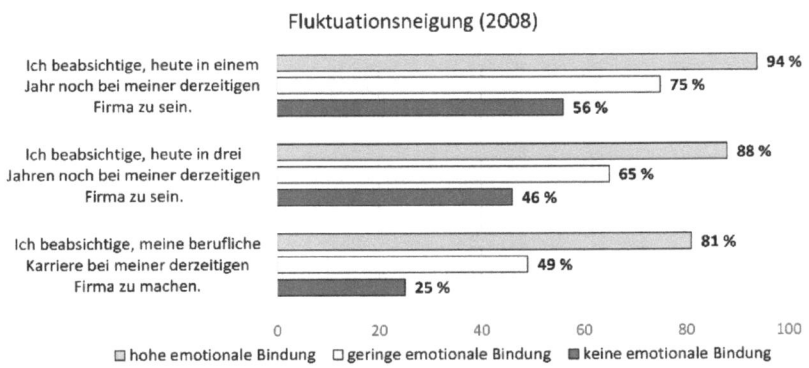

Abbildung 11: Fluktuationsneigung laut Gallup[86]

Was die von Gallup jedoch immer wieder ausblenden, sind die Anteile und Größenverhältnisse der verschiedenen Mitarbeitergruppen. Die sind sehr unterschiedlich und das ist für eine Gesamtbetrachtung ziemlich bedeutsam. Die nach unterschiedlicher emotionaler Bindung differenzierten Mitarbeiteranteile sehen im Jahr 2008 wie folgt aus:

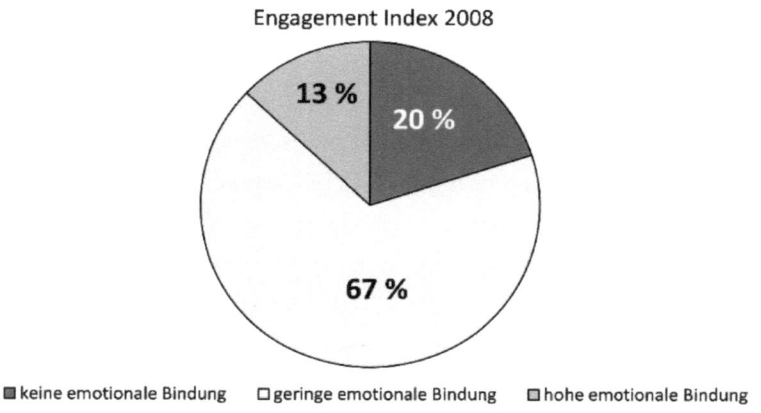

Abbildung 12: Engagement Index 2008[87]

13 Prozent haben eine hohe, 67 Prozent eine geringe und 20 Prozent haben keine emotionale Bindung. Da die Prozentwerte der drei Gruppen von 2001 bis 2020 nahezu konstant geblieben sind, ist die exemplarische Betrachtung lediglich eines Jahres vollkommen ausreichend.

Von den 13 Prozent mit hoher emotionaler Bindung kreuzen 94 Prozent bei der Aussage *„Ich beabsichtige heute in einem Jahr noch bei meiner Firma zu sein."* auf einer fünfstufigen Skala den Wert „1 = stimme vollständig zu" an. Bei den 67 Prozent mit geringer Bindung machen das „nur" 75 Prozent und bei den 20 Prozent ohne Bindung „nur" noch 56 Prozent.

Festzuhalten bleibt also, dass 56 Prozent aller Mitarbeiterinnen und Mitarbeiter ohne emotionale Bindung trotzdem bei ihrem Arbeitgeber bleiben wollen. Wer hätte das gedacht! Nach all den Horrorgeschichten über die gravierenden Auswirkungen mangelnden Engagements stellen wir fest, dass eine der zentralen Kernaussagen für diese Gruppe gar nicht zutrifft. Die sollen doch angeblich keine Bindung mehr zu ihrem Arbeitgeber haben. Und der Großteil von denen will weiter bei seinem Arbeitgeber bleiben? Irgendwas stimmt da wohl nicht.

Doch die Überraschung kann noch größer sein: Ich bringe die Zahlen der verschiedenen Mitarbeitergruppen zusammen und berechne, was die Ergebnisse der Gallup-Erhebung in der Gesamtbetrachtung beziehungsweise im Durchschnitt bedeuten: 13 Prozent mit hoher emotionaler Bindung mal 94 plus 67 mit geringer emotionaler Bindung mal 75 plus 20 ohne Bindung mal 56 und dann alles durch 100 teilen und siehe da: Im Durchschnitt stimmen knapp 74 Prozent aller Mitarbeiterinnen und Mitarbeiter der Aussage *„Ich beabsichtige, heute in einem Jahr noch bei meiner derzeitigen Firma zu sein."* mit dem Wert 1 zu.

Wenn man dieselbe Berechnung mit der auf drei Jahre bezogenen Aussage durchführt (*„Ich beabsichtige, heute in drei Jahren noch bei meiner derzeitigen Firma zu sein."*), kommt man zu der Erkenntnis, dass etwa zwei Drittel aller Mitarbeiter die klare Absicht hegen, ihrem Arbeitgeber treu zu bleiben, und knapp 50 Prozent beabsichtigen, ihre berufliche Karriere bei ihrem derzeitigen Arbeitgeber zu machen.

Ach, wie schön und vor allem wie zutreffend wäre es, nächstes Mal eine solche Interpretation der neuesten Gallup-Zahlen in der Presse zu lesen: „75 Prozent der deutschen Arbeitnehmer sind mit ihrem Arbeitgeber sehr zufrieden." So könnte die Headline lauten. Oder so: „Die Deutschen arbeiten sehr gerne und die meisten haben Spaß bei ihrer Arbeit."

Hallo Spiegel, hallo Bildzeitung, Welt, Süddeutsche, Faz, FR, brandeins, hallo vor allem Wirtschaftspresse, hallo an alle, die demnächst wieder die neueste Gallup-Studie auf den Tisch bekommen: Wer wird der erste sein, der die guten Nachrichten von Zufriedenen und Engagierten Arbeitnehmern veröffentlicht? Wird da überhaupt einer sein? Wer traut sich?

Der Artikel könnte wie folgt aussehen: „Laut den repräsentativen Ergebnissen der Gallup-Studie sind die Arbeitnehmer in Deutschland sehr engagiert. Ein Großteil der deutschen Arbeitnehmer beabsichtigt, ein Leben lang bei seinem Arbeitgeber zu bleiben. Selbst von den in ihrer Grundeinstellung etwas kritischeren Zeitgenossen sagen weit mehr als die Hälfte, dass sie bei ihrem Arbeitgeber bleiben wollen. Diese äußerst positiven Ergebnisse zum Engagement in Deutschland sind seit 2001 sehr stabil. Deutschlands Arbeitnehmer starten hoch engagiert ins neue Jahrtausend."

Fest steht: Allen Unkenrufen zum Trotz ist der weitaus größte Teil der Arbeitnehmerinnen und Arbeitnehmer in Deutschland seinem Arbeitgeber emotional sehr verbunden. Wir arbeiten engagiert und gerne.

Im nächsten Abschnitt erfahren Sie mehr über die „wahren" Zahlen.

Die wahren Zahlen:
Höchst zufriedene Mitarbeiter!

Ich selbst habe ein in Aachen ansässiges Unternehmen, das IfU – Institut für Unternehmenskultur (www.ifu-aachen.de). Wir führen seit über 20 Jahren Mitarbeiterbefragungen zu allen möglichen Themen in Unternehmen unterschiedlicher Branchen durch und begleiten Kulturentwicklungsprozesse. Im Durchschnitt kommen wir seit Beginn unserer Tätigkeit zu denselben Ergebnissen wie Gallup: Circa zwei Drittel aller Mitarbeiterinnen und Mitarbeiter sind in Deutschland mit ihrem Arbeitgeber und den Arbeitsbedingungen sehr zufrieden und kreuzen auf einer sechsstufigen Skala die Werte 1 oder 2 an.

Bei dem Anteil von ungefähr zwei Dritteln scheint es sich um eine ziemliche stabile Größe zu handeln, wobei es eine durchaus große Streuung in den Messergebnissen gibt. In manchen Unternehmen ist die Mitarbeiterzufriedenheit deutlich höher und in manchen unterdurchschnittlich gering ausgeprägt. Die Bandbreite ist sehr groß, wobei Sie wissen, dass das völlig normal ist und den Erkenntnissen der Normalverteilung entspricht. Die große Streuung ändert aber nichts an dem im Zeitablauf nahezu konstanten Durchschnittswert.

Wenn man gezielt danach sucht, finden sich weitere Ergebnisse, die die Hypothese einer hohen Mitarbeiterzufriedenheit und des hiermit einhergehenden hohen Engagements in Deutschland stützen.

Die Deutsche Post veröffentlicht jährlich den Glücksatlas, in dem die Zufriedenheit der Deutschen mit ihrer Arbeit ein Schwerpunktthema ist. In der entsprechenden Studie, die von Professor Bernd Raffelhüschen von der Universität Freiburg und von Reinhard Schlinkert vom Bonner Meinungsforschungsinstitut dimap begleitet wird, geht es um die Anforderungen, die Berufstätige an einen guten Arbeitsplatz stellen. Im Ergebnis zeigt sich im Jahr 2015 Folgendes: Die deutschen Arbeitnehmer sind sehr zufrieden mit ihrer Arbeit. 69 Prozent bewerten ihre Arbeitszufriedenheit auf einer Skala von 0 bis 10 mit Werten zwischen 8 und 10 und lediglich 5 Prozent sind unzufrieden.[88]

Eine zentrale Erkenntnis der Studie lautet: *„Arbeit hat einen entscheidenden Einfluss auf die Lebenszufriedenheit"* und zwar einen äußerst positiven. In der Studie zeigte sich nämlich, dass *„Berufstätige, die mit ihrer Arbeit sehr zufrieden sind, ihr Lebensglück mit 8,02 Punkten deutlich höher bewerten als Berufstätige, die mit ihrer Arbeit nicht zufrieden sind".* [89]

Vor dem Hintergrund der Ergebnisse der Gallup-Studien klingt das schier unglaublich. Da heißt es doch, dass die meisten Arbeitnehmer völlig unglücklich und unmotiviert mehr oder weniger zum Arbeiten gezwungen werden müssen. Nun stellt sich heraus, dass Arbeit einen positiven und messbaren Beitrag zur Lebenszufriedenheit leistet.

Aber es kommt noch besser, denn laut Glücksatlas *„ist Arbeitslosigkeit ein großer Glückskiller. Arbeitslose (6,0 Punkte) sind im Durchschnitt 1,1 Punkte weniger glücklich als Erwerbstätige (7,1)".* [90]

Dieser Zusammenhang wurde noch durch ein weiteres Ergebnis gestützt: Das Absinken der *„Arbeitslosenquote innerhalb der letzten zehn Jahre von 7,5 % auf mittlerweile 5,0 % hat sich positiv auf das Glücksniveau ausgewirkt."*

Und wer früher in Rente geht, bei dem steigt die Lebenszufriedenheit nicht. Ganz im Gegenteil, wer später in Rente geht und über das 65. Lebensjahr hinaus weiterhin berufstätig ist, der ist überdurchschnittlich glücklich.

Die Pressemeldung der Deutschen Post zum Glückatlas 2019 ist wie folgt überschrieben: *„Deutschland so zufrieden wie noch nie".*[91] Und nach der Überschrift geht es wie folgt weiter:

- *„Zufriedenheit der Deutschen steigt mit 7,14 Punkten auf höchsten Wert seit 1989".*
- *„Zufriedenheit in Ostdeutschland bei Höchstwert 7,0 auf einer Skala bis 10".*[92]

  Oder mit anderen Worten: Höchste Zufriedenheit, wo man nur hinschaut.

  Und wir schauen uns noch etwas weiter um:

- *„7 von 10 Punkten bei Mitarbeiterzufriedenheit und 88 % der Mitarbeiter empfehlen den Arbeitgeber weiter."*[93]
- *„Über 80 Prozent der Befragten empfehlen … als Arbeitgeber weiter."*[94]
- *„Die Motivation unserer Mitarbeiter(innen) ist enorm. 85,4 Prozent macht ihre Arbeit Freude."*[95]
- *Ergebnisse Umfrage „Mitarbeiterzufriedenheit":*[96]
  - *„2020: 87,91 %*
  - *2019: 84,69 %*
  - *2018: 86,24 %*
  - *2017: 86,72 %*
  - *2016: 85,61 %*
  - *2015: 83,74 %*
  - *2014: 81,28 %*
  - *2013: 77,67 %*
  - *2012: 78,96 %*
  - *2011: 80,13 %"*
- *„Tolles Betriebsklima und abwechslungsreiche Tätigkeiten"* und über 60 % mit dem Arbeitsverhältnis sehr zufrieden (Werte 1 und 2 auf 5-stufiger Skala), 0 % Werte 4 und 5.[97]
- *Äußerst hohe Zufriedenheit mit der Tätigkeit (Durchschnitt auf einer 5-stufigen Zustimmungsskala bei ca. 1,6)*[98]
- *„68,4 % eher zufrieden bis vollkommen zufrieden"*[99]
- *„Die Arbeitnehmer in Deutschland fühlen sich wohler in ihrer beruflichen Tätigkeit als in den anderen Ländern von Frankreich bis Australien, von Singapur bis USA."*[100]

- *Immerhin gut drei Viertel der Berufstätigen hierzulande (78 Prozent) freuen sich an mindestens jedem zweiten Morgen auf die Arbeit.101*
- …

Es ist überall dasselbe: Höchst zufriedene Mitarbeiter, wo man auch hinschaut.

Trotzdem kann man auch in den Jahren 2019 und 2020 folgende Schlagzeilen lesen: *„Deutsche Arbeitnehmer sind am unzufriedensten."102* *„Deutschland ist Frustweltmeister. Nirgendwo gehen die Menschen so lustlos zur Arbeit wie in Deutschland."103*

Das ist, wie wir wissen, in der Gesamtbetrachtung Blödsinn und die Realität sieht anders aus: Im Durchschnitt sind die deutschen Arbeitnehmerinnen und Arbeitnehmer sehr zufrieden mit ihren Arbeitgebern und den Arbeitsbedingungen. Die zuvor willkürlich und exemplarisch aufgeführten positiven Ergebnisse decken sich mit repräsentativen Querschnittsstudien über verschiedene Branchen, Regionen und Länder. Natürlich gibt es Unternehmen, bei denen es schlecht um Zufriedenheit und Engagement bestellt ist. Diese Unternehmen sind deutlich zurückhaltender in Bezug auf die Veröffentlichung der Ergebnisse. Insofern ist der Anteil der Unternehmen mit weniger zufriedenen Mitarbeitern in meiner Auflistung unterrepräsentiert. Aber das macht nichts, die Gallup-Studien sind schließlich repräsentativ und danach sind wir alle überwiegend zufrieden und engagiert. Und das ist gut so, denn ansonsten wären wir ziemlich bekloppt.

Wir sind nicht bekloppt!

Die hohe Mitarbeiterzufriedenheit und das hohe Engagement der deutschen Arbeitnehmer anhand einer Vielzahl von Datenquellen herauszuarbeiten, war mir ein persönlich wichtiges Anliegen. Es war mir ein Bedürfnis, den Unsinn über die vermeintlich unengagierten, nicht motivierten, völlig unzufriedenen Arbeitnehmer in Deutschland zurechtzurücken. Zwischenzeitlich zweifelte ich selbst am Verstand der deutschen Arbeitnehmer. Aber zum Glück sind wir nicht allesamt völlig bekloppt. Das wären wir nämlich, wenn wir Tag für Tag etwas machen würden, wozu wir uns immer und immer wieder aufs Neue zwingen müssten; etwas, das uns nicht zufrieden, sondern unglücklich macht und uns täglich frustriert.

So bescheuert ist die Menschheit nicht – und das ist keine Hoffnung, sondern lässt sich offenkundig anhand von unzähligen Studien und Befragungen beweisen: Wir arbeiten gerne, zumindest die meisten. Wer etwas anderes behauptet, propagiert Unsinn.

Nachdem ich nun mit dem Unsinn von unengagierten und unzufriedenen deutschen Arbeitnehmern aufgeräumt habe und zudem klarstellen konnte, dass die meisten von uns nicht bekloppt sind, möchte ich Sie einladen, kurz vor Schluss noch einen Blick auf Ihren eigenen Standpunkt zu werfen: Gehen Sie bitte der Frage nach, ob Sie nicht vielleicht doch bekloppt sind.

Jetzt geht es um Sie!

Nun geht es um Ihre individuelle Positionierung, wobei ich lediglich eine grobe Einteilung auf den beiden Achsen Zufriedenheit und Engagement vornehmen möchte. Inwieweit stimmen Sie den beiden folgenden Aussagen zu: Verorten Sie den Grad Ihrer Zustimmung jeweils auf einer sechsstufigen Zustimmungsskala von 1 = „trifft voll und ganz" zu bis 6 = „trifft überhaupt nicht zu"?

- Mit meiner Arbeit und meinem Arbeitgeber bin ich insgesamt sehr zufrieden.
- Ich bin bei meiner Arbeit sehr engagiert.

Notieren oder merken Sie sich bitte kurz Ihre beiden Einordnungen.

Wir lassen in unserer Betrachtung nicht nur außer Acht, ob Ihr Engagement auch Früchte trägt, sondern unterstellen sogar den positiven Zusammenhang, dass Ihr Engagement mit einer hohen Leistung einhergeht.

Diesen positiven Zusammenhang können wir mit wissenschaftlicher Absicherung unterstellen: Alex Edmans, BWL-Professor an der Wharton Business School, hat für die USA herausgefunden, dass *„die Renditen der Unternehmen mit hoher Mitarbeiterzufriedenheit zwei bis drei Prozent über dem Durchschnitt"* lagen[104]. Eine von der Warwick-Universität durchgeführte Studie zeigte, dass glückliche und zufriedene Mitarbeiter produktiver sind, und zwar um circa 12 Prozent.[105]

Schauen Sie sich nun das Ergebnis Ihrer Zustimmung zu den beiden Aussagen näher an. Ordnen Sie sich bitte kurz ein, wobei Sie bitte die folgenden Hinweise beachten sollten.

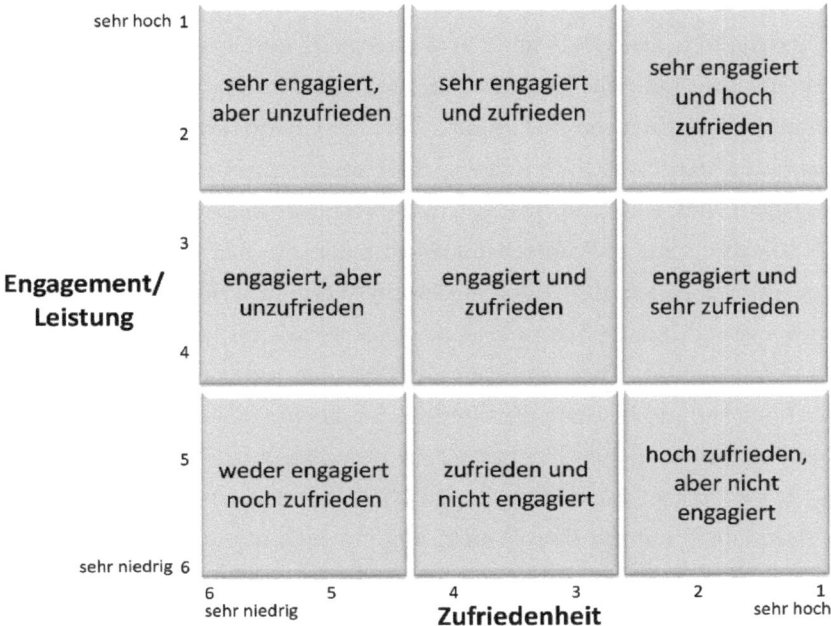

Abbildung 13: Zufriedenheits-Engagement-Matrix

Jedes Kästchen steht für 2 Skalenpunkte. Wenn Sie also beiden Aussagen nicht zugestimmt und sich jeweils für Ihre Einordnung auf der 5 oder 6 der Skala entschieden haben, sind Sie weder engagiert noch zufrieden. Wenn Sie beide Aussagen mit 3 oder 4 bewertet haben, landen Sie in der Mitte, sind also halbwegs engagiert und zufrieden. Wenn Sie bei beiden Aussagen die 1 oder 2 angekreuzt haben, landen Sie ganz oben in der Ecke, Sie sind sehr engagiert und hoch zufrieden. Ordnen Sie sich bitte ein.

Wenn Sie Ihr Kreuzchen irgendwo im „roten" Bereich (Werte 4 bis 6 auf beiden Skalen) links unten gemacht haben, also völlig unzufrieden und nicht engagiert sind, möchte ich zunächst einmal meine Verwunderung darüber zum Ausdruck bringen, dass Sie dieses Buch gekauft und bis hierhin gelesen haben. Losgelöst davon sollten Sie etwas ändern, denn das geht auf Dauer nicht gut, permanente Unzufriedenheit ist sogar gesundheitsschädlich. In jedem Fall ist es anstrengend, und zwar für alle Beteiligten, in erster Linie für Sie selbst, aber auch für Ihr Umfeld, für Ihre Kolleginnen und Kollegen und genauso für Ihre Chefin oder Ihren Chef und bei vielen Menschen, die mit ihrer Arbeit unzufrieden und überhaupt nicht engagiert sind, läuft im privaten Umfeld ebenfalls nicht alles rund.

Mit relativ hoher Wahrscheinlichkeit haben Sie aber ein „grünes" Feld getroffen und sich auf beiden Skalen für Werte zwischen 1 und 2 beziehungsweise maximal 3 entschieden. Denn wir wissen, dass im Gegensatz zu den unsinnigen Behauptungen vieler Studien vermeintlich renommierter Forscher und Institute der Großteil der arbeitenden Bevölkerung nicht bei den unzufriedenen Unengagierten anzusiedeln ist. Wenn dem so ist, ist grundsätzlich erst einmal alles gut, Sie sind insgesamt ganz zufrieden, zumeist nicht nur mit Ihrer Arbeit, sondern auch mit dem Leben an sich. Schön für Sie, genießen Sie weiterhin Ihr Leben!

Initiative: „Wir arbeiten gerne!"

Um der Zufriedenheit mehr Lautstärke zu geben, wiederhole ich zum Abschluss noch einmal: Wir arbeiten gerne!

Das lässt sich, wie Sie in den vorherigen Kapiteln erfahren haben, anhand von Fakten belegen. Der Großteil der Statistiken über Mitarbeiterzufriedenheit, Motivation und Engagement zeigt: Etwa zwei Drittel der Arbeitnehmer in Deutschland sind sehr zufrieden, motiviert, loyal und kommen sehr gerne zur Arbeit.

Das ist die Realität. Die Behauptung, dass die Arbeitnehmer in Deutschland tagtäglich ohne Engagement und völlig unmotiviert arbeiten, ist schlichtweg grober Unsinn.

Das bedeutet nun nicht, dass es nicht doch noch etwas zu tun gäbe. Denn so ein Mittelwert beziehungsweise ein durchschnittliches Ergebnis über viele Arbeitgeber und Branchen sagt nichts über die Streuung in den Ergebnissen aus. Und diese Streuung ist ziemlich groß, denn auch hier greift die Normalverteilung. Einige wenige Unternehmen erreichen Spitzenwerte bei Zufriedenheit und Motivation. Andere landen am anderen Ende der Skala und haben einen zu hohen Anteil unzufriedener und unengagierter Mitarbeiter. Insofern besteht trotz der insgesamt zufriedenstellenden Ergebnisse Handlungsbedarf, weil wir es alle zusammen besser machen können. Politik und Gesellschaft brauchen taugliche Ziele. Insofern sollten wir uns auch aufgrund der hohen Korrelation zwischen Arbeitszufriedenheit und Lebenszufriedenheit mit der Frage auseinandersetzen, warum nicht alle arbeitenden Menschen mit ihrer Arbeit zufrieden sind und ob wir den Anteil der besonders zufriedenen und engagierten

Mitarbeiter in Deutschland nicht beispielsweise in einem ersten Schritt auf mindestens drei Viertel oder 80 Prozent erhöhen wollen.

Ich fände es klasse, wenn Sie diese Initiative unterstützen. Jeder von uns kann einen Beitrag für mehr Zufriedenheit im Arbeitsleben leisten. Wir brauchen den Beitrag der Vielen, denn wie Sie wissen, sind die Unzufriedenen lauter. Nutzen Sie Ihren Einflussbereich. Als Führungskraft beeinflussen Sie durch Ihr Verhalten die Zufriedenheit Ihrer Mitarbeiter und als Mitarbeiter die Zufriedenheit und das Engagement Ihrer Kolleginnen und Kollegen. Sie haben sogar einen Einfluss auf die Zufriedenheit Ihrer Führungskräfte.

Versuchen Sie andere dabei zu erwischen, wenn Sie etwas gut gemacht haben. Geben Sie dem Positiven eine Stimme und verleihen Sie ihm Lautstärke.

Gehen Sie wertschätzend mit anderen um. Achten Sie auf den Klang Ihrer Stimme und auf Ihre Formulierungen. Seien Sie insgesamt achtsam.

Sprechen Sie Dinge, die Sie stören, möglichst direkt an – auch dies ist eine Form von Wertschätzung.

Kritisieren Sie verhaltensbezogen. Gehen Sie davon aus, dass Wahrheit subjektiv ist: Ihre Wahrheit ist Ihre Wahrheit und die Wahrheit eines anderen Menschen kann sich bei vermeintlich objektiv eindeutigen Gegebenheiten von Ihrer Wahrheit diametral unterscheiden. Je besser es uns gelingt, die unterschiedlichen Wahrheiten im Berufsleben aufzulösen, umso besser werden wir und umso mehr Spaß macht Arbeit.

Greifen Sie zum absolut Äußersten und sprechen Sie miteinander.

Sie entscheiden bereits morgens beim Aufstehen, mit welcher Grundeinstellung Sie zur Arbeit gehen. Wählen Sie grundsätzlich die positive Einstellung und lassen Sie sich bis zum Feierabend nicht davon abbringen. Das ist zuweilen nicht so leicht, aber es erhält die Zufriedenheit.

Gemeinsam gegen die Unzufriedenheit: Attacke!

Jetzt sind Sie hervorragend gerüstet und können gemeinsam mit mir in den Kampf gegen den Unsinn von unzufriedenen und unengagierten Mitarbeiterinnen und Mitarbeitern in Deutschland ziehen.

Wenn mal wieder jemand irgendwas über die vermeintlich geringe Zufriedenheit und das mangelnde Engagement der Arbeitnehmerinnen und Arbeitnehmer von sich gibt, grätschen Sie ab sofort verbal dazwischen. Versuchen Sie es zunächst sachlich und argumentieren Sie statistisch. Sie kennen die wahren Zahlen, wonach der Großteil der Arbeitnehmerinnen und Arbeitnehmer in Deutschland sehr zufrieden und hochgradig engagiert ist. Zwei Drittel aller Arbeitnehmerinnen und Arbeitnehmer entscheiden sich bei entsprechenden Umfragen regelmäßig für die besten beiden Skalenwerte. Die hohe Wirtschaftskraft unseres Landes kann wohl kaum auf Faulheit, Frust und mangelndem Engagement basieren.

Sie dürfen davon ausgehen, dass Sie mit statistischen Argumenten nicht weiterkommen werden.

Fragen Sie, wie Ihr Gesprächspartner auf seine Behauptung kommt. Wenn Befragungs- oder Studienergebnisse angeführt werden, stellen Sie die Neutralität des Erstellers der Studie in Frage. Fragen Sie nach der Datenbasis, wie viele Menschen wurden überhaupt befragt? Wie wurde die Repräsentativität sichergestellt? Behaupten Sie, dass diejenigen, die solche Studien erstellen, nur an schlechten Ergebnissen Geld verdienen und insofern die Ergebnisse sehr oft verfälscht sind.

Wenn Ihnen Beispiele aus dem eigenen Unternehmen als Grund für die These von unzufriedenen Arbeitnehmern genannt werden, fragen Sie nach konkreten Zahlen, Daten und Fakten. Wer ist unzufrieden, aus welchem Grund, wer noch, wie viele Mitarbeiter sind es insgesamt? In der Regel bleibt es bei wenigen Einzelfällen. Ergänzend sollten Sie fragen, wie es um das Engagement Ihres Gegenübers selbst bestellt ist, der ja offensichtlich gerade in diesem Moment zu viel Zeit hat.

Durch geschicktes Fragen wird es Ihnen gelingen, die wahre Verteilung der Unzufriedenheit herauszuarbeiten und damit die Hypothese von den vielen unzufriedenen und unengagierten Mitarbeiterinnen und Mitarbeitern zu widerlegen.

Sollte Ihnen dies nicht gelingen, sagen Sie Ihrem Gegenüber, er solle sich besser erst einmal etwas intensiver mit der Materie beschäftigen, ehe er einen solchen Unsinn verbreitet und empfehlen Sie dieses Buch.

Sie dürfen, nein, Sie sollten dem Unsinn und denjenigen, die ihn verbreiten, mit einer hinreichenden Deutlichkeit begegnen. Nett sein können Sie zwar auch, aber das bringt nichts. Wer seine Unzufriedenheit mit uns teilt, der ist auch nicht nett, sonst würde er uns damit in Ruhe lassen.

Unser Kampf gegen den Unsinn erfordert auch, dass wir gemeinsam gegen die Lautstärke der Unzufriedenheit und damit gegen die wenigen wirklich unzufriedenen und nicht engagierten Menschen angehen.

Wenn Gruppen auf dem Flur ihr Schwätzchen halten und sich über etwas oder jemanden echauffieren, sollten Sie nicht tatenlos daran vorbei gehen oder gar zuhören. Sie sollten eskalieren. Gehen Sie dazwischen, werden Sie laut, fragen Sie, was das soll und ob man nichts Besseres zu tun hätte. Sagen Sie, dass Sie nicht zum Quatschen, sondern zum Arbeiten hier sind. Sagen Sie auch, dass, wenn es etwas zu verbessern gäbe, sich die an dem Gespräch Beteiligten darum kümmern und die Situation verbessern sollten. Sie dürfen sicher sein, dass Ihre Sympathiewerte bei einigen Beteiligten in den Keller rutschen werden. Das macht aber nichts, weil sie andererseits bei anderen nach oben schnellen, zumeist auch bei denjenigen, die etwas zu sagen haben, und Sie zudem an Profil gewinnen. Man muss nicht jedermanns Liebling sein und zu Dauerunzufriedenen darf man ruhig ein gewisses Spannungsverhältnis aufbauen, was Sie selbst natürlich völlig entspannt sehen sollten. Sie sind schließlich zufrieden und arbeiten daran, noch zufriedener zu werden.

Halten Sie Ausschau nach diesen Meckergruppen und setzen Sie sich in der Mittagspause einfach mal dazu. Bringen Sie Stimmung in die Bude, indem Sie bei allen sich bietenden Gelegenheiten lauter und hörbarer als die Unzufriedenen sind. Lassen Sie alle teilhaben an den vielen positiven Aspekten, die unser Arbeitsleben mit sich bringt.

Wenn sich mal wieder irgendjemand über irgendwas beschwert, wenn die Dinge angeblich immer schlimmer werden und Die-da-oben die Bodenhaftung völlig verloren haben und wenn die aus den anderen Abteilungen immer nur gegen uns arbeiten oder sonstige negativen Äußerungen getätigt werden, dann gehen Sie in den Attacke-Modus.

Wertvolle und hilfreiche Sätze sind folgende:

- Haben Sie schon mal etwas gegen diese Missstände unternommen?
- Was haben Sie bisher dafür getan, dass es besser wird?
- Haben Sie eine Idee, was Sie zur Verbesserung der Situation und Lage beitragen können? Sie ganz persönlich!
- Warum erzählen Sie das mir?
- Haben Sie die Person, über die Sie sich gerade äußern, schon direkt angesprochen und was hat sie dazu gesagt?
- Haben Sie Ihr Anliegen schon direkt mit der Geschäftsführung/dem Vorstand besprochen? Warum haben Sie das noch nicht getan?
- Warum haben Sie noch nichts unternommen? Ach, da kann man nichts machen. Warum regen Sie sich dann überhaupt auf?
- Ok, ich habe Ihr Problem verstanden. Und was gedenken Sie dagegen zu tun?
- Warum müssen Sie arbeiten? Sie sind freiwillig hier. Es zwingt Sie doch keiner, jeden Morgen hierher zu kommen. Sie könnten auch liegen bleiben oder woanders hingehen.

- Warum arbeiten Sie überhaupt noch hier, wenn das alles so schlimm ist?
- Bewerben Sie sich doch bitte in einem anderen Unternehmen oder einer anderen Abteilung, wenn Sie das alles dermaßen stört.
- Lassen Sie mich bitte mit Ihrem Gejammer in Ruhe. Das interessiert mich nicht.
- Sie sollten darüber nachdenken, was Sie gegen Ihre Unzufriedenheit tun können. Das wäre besser, als hier herumzustehen und andere vom Arbeiten abzuhalten.
- Sie wissen schon, dass es sehr unfreundlich ist, andere Menschen mit Ihrem Gejammer zu belästigen, oder?
- Hatten Sie heute, in dieser Woche oder in diesem Jahr schon ein positives Erlebnis bei der Arbeit? Erzählen Sie uns davon!
- Tun Sie mir und uns allen bitte einen Gefallen. Wir wären Ihnen sehr dankbar, wenn Sie während Ihrer Arbeitszeit arbeiten und nicht lamentieren. Jammern können Sie gerne in Ihrer Freizeit.
- Ich kenne das, wir regen uns alle manchmal auf. Ich empfehle Ihnen frische Luft, ausgiebige Spaziergänge und viel Sport.
- Warum sind Sie eigentlich nicht Geschäftsführer oder Vorstand geworden? Dann könnten Sie das alles so verändern, wie es aus Ihrer Sicht richtig ist.
- Über wen oder was regen Sie sich noch auf?
- Wie läuft es bei Ihnen zu Hause, auch so schlimm?
- Haben Sie eigentlich gerade Pause? Haben Sie ausgestempelt?
- Ich merke, Sie haben nichts zu tun. Kommen Sie bitte kurz mit, ich gebe Ihnen gerne etwas ab.
- Im Vergleich zu Ihren Kolleginnen und Kollegen scheinen Sie mir nicht ausgelastet zu sein.
- Die meisten Menschen können sich selbst führen. Konzentrieren Sie sich mal auf das Positive, dann werden Sie es auch finden. Sie schaffen das! Toi, toi, toi!

- Ja, das ist wirklich unmenschlich hier. Ist Ihr Arbeitsplatz eigentlich beheizt?
- Bekommen Sie Gehalt und wenn ja, für was?
- Haben Sie eine Idee, was Sie tun könnten, um noch unzufriedener zu werden?
- Ok, ich habe verstanden. Bleiben Sie weiterhin immer schön negativ, dann bleibt unter Garantie alles so, wie es ist, nur Sie fühlen sich schlechter.

Das ist selbstverständlich nur ein kleiner Ausschnitt konfrontativer Aussagen und Fragen. Wichtig ist, dass Sie aus der Deckung kommen und Sie die Unzufriedenen nicht gewähren lassen. Die Zeit der Stille ist vorbei, wir gehen in den Angriff über und zwar bei jeder sich bietenden Gelegenheit. Sie werden schnell feststellen, dass Sie viele Anhänger finden werden, weil den meisten von uns dieses Gejammer auf die Nerven geht und weil wir mehr sind, sehr viel mehr! Und wer anderes behauptet, der redet Unsinn!

Und ganz zum Schluss habe ich noch eine Bitte: Ich möchte die besten Geschichten und Erlebnisse beim Kampf für die Zufriedenheit sammeln und veröffentlichen. Schicken Sie mir daher bitte Ihre „Kampferlebnisse" zu (info@ifu-aachen.de).

Abbildungsverzeichnis

Literaturverzeichnis

Avangarde Experts GmbH. *www.avantgarde-experts.de*. 2017 - zuletzt aufgerufen am 02.02.2021. <https://www.avantgarde-experts.de/studie-arbeitszufriedenheit-deutschland-2017>.

Beier, D. „Führung wirkt auf Mitarbeiterbindung." *www.chirondo.de* 27. April 2015 - zuletzt aufgerufen am 02.03.2021. <https://www.chirondo.de/2015/04/fuehrung-wirkt-auf-mitarbeiterbindung/>.

Bohmann, C.; Evert, H. „Ständiger Druck – wenn der Job krank macht." *Welt online (www.welt.de)* 23. April 2013 - zuletzt aufgerufen 02.03.2021. <https://www.welt.de/wirtschaft/article115546113/Staendiger-Druck-wenn-der-Job-krank-macht.html>.

Böhme, J. „10 Minuten für eine E-Mail, 30 für eine Rechnung." *brand eins* 19. Jahrgang, Heft 03. März 2017: S. 64ff.

BPD Immobilienentwicklung GmbH. *www.bpd-immobilienentwicklung.de*. 2021 - zuletzt aufgerufen am 02.02.2021. <https://www.bpd-immobilienentwicklung.de/%C3%BCber-bpd/arbeiten-bei-bpd>.

Bundesgesundheitsministerium. *www.bundesgesundheitsministerium.de*. 2017 - zuletzt aufgerufen am 30.01.2021. <https://www.bundesgesundheitsministerium.de/themen/krankenversicherung/zahlen-und-fakten-zur-krankenversicherung/geschaeftsergebnisse.html#c10337>.

Buss, C., et al. „IT-gestützter Diagnostikrozess. Entwurf - Befragung - Gestaltungsanregungen ." Göttingen, 2016. S. 35.

Creuzburg, D. „Mitarbeiter wechseln häufiger die Stelle." *Frankfurter Allgemeine online (www.faz.net)* 5. Mai 2016 - zuletzt aufgerufen am 02.03.2021. <https://www.faz.net/aktuell/wirtschaft/haeufiger-job-wechsel-dank-niedriger-arbeitslosigkeit-14235943.html>.

Deutsche Post DHL Group. „Deutsche Post Glücksatlas 2015: Die Deutschen sind erstmals seit zwei Jahren wieder glücklicher." *www.dpdhl.com* 25. November 2015 - zuletzt aufgerufen am 02.03.2021. <https://www.dpdhl.com/de/presse/pressemitteilungen/2015/deutsche-post-gluecksatlas-2015-deutsche-wieder-gluecklicher.html>.

Deutsche Post DHL Group. „Deutsche Post Glücksatlas 2019: Deutschland so zufrieden wie noch nie." *www.dpdhl.com* 05. November 2019 - zuletzt aufgerufen am 02.03.2021.
<https://www.dpdhl.com/de/presse/pressemitteilungen/2019/deutsche-post-gluecksatlas-2019.html>.

Deutscher Caritasverband e. V. *www.caritas.de.* 27.. Februar 2012 - zuletzt aufgerufen am 02.02.2021. <https://www.caritas.de/neue-caritas/heftarchiv/jahrgang2012/artikel/neun-von-zehn-empfehlen-die-caritas-gern>.

dpa-Newskanal. „Der Druck wächst: Höhere Anforderungen sorgen für Stress im Job." *Süddeutsche Zeitung online (www.sueddeutsche.de)* 14. Mai 2014 - zuletzt aufgerufen 02.03.2021. <https://www.sueddeutsche.de/karriere/arbeit-der-druck-waechst-hoehere-anforderungen-sorgen-fuer-stress-im-job-dpa.urn-newsml-dpa-com-20090101-140514-99-02445>.

eurostat Pressemitteilung (51/2015). *Wie zufrieden sind die Menschen in der Europäischen Union mit ihrem Leben?* 19. März 2015 - zuletzt aufgerufen am 02.03.2021.
<https://ec.europa.eu/eurostat/documents/2995521/6750370/3-19032015-CP-DE.pdf/5d35b9a1-e8dd-4e9f-bc51-dbcdc21afd66>.

faz.net. „Beschäftigte sind wenig motiviert." *Frankfurter Allgemeine online (www.faz.net)* 14. Januar 2009 - zuletzt aufgerufen am 02.03.2021. <https://www.faz.net/aktuell/karriere-hochschule/buero-co/arbeitszufriedenheit-beschaeftigte-sind-wenig-motiviert-1753118.html>.

faz.net. „Mehr als zwei Drittel machen Dienst nach Vorschrift." *Frankfurter Allgemeine online (www.faz.net)* 22. März 2017 - zuletzt aufgerufen am 02.03.2021. <https://www.faz.net/aktuell/karriere-hochschule/buero-co/miese-motivation-mehr-als-zwei-drittel-machen-dienst-nach-vorschrift-14936871.html>.

faz.net. „Nur 15 Prozent der Deutschen sind engagiert im Job." *Frankfurter Allgemeine online (www.faz.net)* 10. September 2002 - zuletzt aufgerufen am 02.03.2021. <https://www.faz.net/aktuell/gesellschaft/arbeitsplatz-nur-15-prozent-der-deutschen-sind-engagiert-im-job-171206.html>.

Futura GmbH. *www.futura-berlin.de.* 2021 - zuletzt aufgerufen am 02.02.2021. <https://www.futura-berlin.de/ueber-uns/mitarbeiter/klienten-und-mitarbeiterzufriedenheit.html>.

Gallup GmbH. „Das Engagement am Arbeitsplatz in Deutschland sinkt weiter."
innovationsreport (www.innovations-report.de) 30. Oktober 2003 - zuletzt
aufgerufen am 02.03.20221. <https://www.innovations-
report.de/fachgebiete/studien-analysen/bericht-22918/>.

Gallup GmbH. „Emotionale Mitarbeiterbindung wirkt als Schutzimpfung gegen
Fluktuation." *www.pressebox.de* 31. März 2014 - zuletzt aufgerufen am
06.02.2021. <https://www.pressebox.de/pressemitteilung/gallup-
gmbh/Emotionale-Mitarbeiterbindung-wirkt-als-Schutzimpfung-gegen-
Fluktuation/boxid/668617>.

Gallup GmbH. „Engagement Index 2004: Das Engagement am Arbeitsplatz in
Deutschland nach wie vor auf niedrigem Niveau." *FinanzNachrichten online
(www.finanznachrichten.de)* 18. Oktober 2004 - zuletzt aufgerufen am
02.03.2021. <https://www.finanznachrichten.de/nachrichten-2004-
10/3963303-the-gallup-organization-engagement-index-2004-das-
engagement-am-arbeitsplatz-in-deutschland-nach-wie-vor-auf-niedrigem-
niveau-007.htm>.

Gallup GmbH. „Engagierte Mitarbeiter mit 11.500 Euro höherer Produktivität."
www.wiwi-treff.de 1. März 2005 - zuletzt aufgefrufen am 02.03.2021.
<https://www.wiwi-treff.de/Fuehrung-and-
Strategie/Motivation/Engagierte-Mitarbeiter-mit-11500-Euro-hoeherer-
Produktivitaet/Artikel-2171/drucken>.

Gallup GmbH. „Gallup-Studie 2011: Jeder vierte Arbeitnehmer hat innerlich
gekündigt." *www.docplayer.org* 2012 - zuletzt aufgerufen am 02.03.2021.
<http://docplayer.org/8448269-Gallup-engagement-index.html>.

Gallup GmbH. „Mitarbeitergespräche verfehlen zu häufig ihr eigentliches Ziel."
Pressebox (www.pressebox.de) 16. März 2016 - zuletzt aufgerufen 02.03.2021.
<https://www.pressebox.de/pressemitteilung/gallup-
gmbh/Mitarbeitergespraeche-verfehlen-zu-haeufig-ihr-eigentliches-
Ziel/boxid/786159>.

Gallup GmbH. „Nur 16 Prozent der Arbeitnehmer engagiert am Arbeitsplatz."
www.wiwi-treff.de 2001 - zuletzt aufgerufen am 02.03.2021.
<https://www.wiwi-treff.de/Arbeitsleben-and-HR-
News/Mitarbeitermotivation/Nur-16-Prozent-der-Arbeitnehmer-engagiert-
am-Arbeitsplatz/Artikel-464/drucken>.

Gallup GmbH. „Schlechte Chefs kosten deutsche Volkswirtschaft bis zu 105
Milliarden Euro jährlich." *www.pressemitteilung.ws* 22. März 2017 - zuletzt
aufgerufen am 02.03.2021. <https://pressemitteilung.ws/node/709630>.

Gallup Inc. *https://www.gallup.com*. 2021 - zuletzt aufgerufen am 02.03.2021. <https://www.gallup.com/access/239210/gallup-q12-employee-engagement-survey.aspx>.

Gallup Inc. *https://www.gallup.com/*. 2021 - zuletzt aufgerufen am 02.03.2021. <https://www.gallup.com/cliftonstrengths/en/290903/how-to-create-strengths-based-company-culture.aspx>.

Gallup Inc. *www.gallup.com*. 2021 - zuletzt aufgerufen am 06.02.2021. <https://www.gallup.com/access/239210/gallup-q12-employee-engagement-survey.aspx>.

Geißler, C. „Frustfaktor Job." *Spiegel online (www.spiegel.de)* 31. August 2006 - zuletzt aufgerufen am 02.03.2021. <https://www.spiegel.de/jahreschronik/a-452951.html>.

Gontek, F. „Deutschland ist Frustweltmeister." *Spiegel online (www.spiegel.de)* 10. März 2020 - zuletzt aufgerufen am 02.03.2021. <https://www.spiegel.de/karriere/arbeitnehmer-studie-deutschland-ist-frustweltmeister-a-8c46563b-b6a1-4025-9c45-00e7b5bdcb91>.

Groll, T. „Das ganze System ist krank." *Zeit online (www.zeit.de)* 17. November 2009 - zuletzt aufgerufen 02.03.2021. <https://www.zeit.de/karriere/beruf/2009-11/leistungsdruck-depressionen-job>.

Handelsblatt. „Fehlende Motivation kostet Firmen Milliarden." *Handelsblatt online (www.handelsblatt.com)* 6. März 2013 - zuletzt aufgerufen 02.03.2021. <https://www.handelsblatt.com/unternehmen/management/gallup-studie-fehlende-motivation-kostet-firmen-milliarden/7888974.html?ticket=ST-349815-veaQstqUZLtajNPl2ydx-ap1#:~:text=Das%20kostet%20Milliarden.&text=Alles%20in%20allem%20gingen%20den,Betriebsklima%2>.

Haufe-Lexware GmbH & Co. KG. „Mitarbeiter sind zufriedener als Personaler glauben." *www.haufe.de* 20. Oktober 2016 - zuletzt aufgerufen am 02.02.2021. <https://www.haufe.de/personal/hr-management/linkedin-umfrage-zur-mitarbeiterzufriedenheit_80_381652.html>.

Heins, S. „Innerer Kündigung begegnen." *www.docplayer.org* 2005 - zuletzt aufgerufen am 02.03.2021. <https://docplayer.org/8448824-Innerer-kuendigung-begegnen.html>.

iSYS RTS GmbH. *www.isys-rts.de*. 2021 - zuletzt aufgerufen am 02.02.2021. <https://www.isys-rts.de/karriere/>.

Janker, K. „84 Prozent leisten höchstens Dienst nach Vorschrift." *Süddeutsche Zeitung online (www.sueddeutsche.de)* 31. März 2014 - zuletzt aufgerufen 26.12.2020. <https://www.sueddeutsche.de/karriere/studie-zu-mitarbeiter-motivation-84-prozent-leisten-hoechstens-dienst-nach-vorschrift-1.1925684#:~:text=Studie%20zur%20Mitarbeiter%2DMotivation84,Fu%C 3%9Fball%20zum%20Vorbild%20zu%20nehmen.>.

Kestel, C. *www.manager-magazin.de.* 10.. März 2015 - zuletzt aufgerufen am 07.02.2021. <https://www.manager-magazin.de/harvard/>.

Kontio, C. „Leistung lohnt sich – nur nicht am Arbeitsplatz." *WirtschaftsWoche online (www.wiwo.de)* 16. März 2016 - zuletzt aufgerufen am 02.03.2021. <https://www.wiwo.de/gallup-engagement-index-leistung-lohnt-sich-nur-nicht-am-arbeitsplatz/13328696.html>.

Menges, L. „Deutsche Arbeitnehmer fühlen sich allein gelassen." *planung&analyse online (www.horizont.net)* 17. Oktober 2019 - zuletzt aufgerufen am 02.03.2021. <https://www.horizont.net/planung-analyse/nachrichten/gallup-engagement-index-deutsche-arbeitnehmer-fuehlen-sich-allein-gelassen-177538>.

Nink, M. „Emotionale Mitarbeiterbindung. Ungenutztes Potenzial." *Die Bank online (www.die-bank.de)* 27. April 2009 - zuletzt aufgerufen am 02.03.2021. <http://www.die-bank.de/news/ungenutztes-potenzial-1922/>.

Nink, M. „Engagement Index Deutschland 2010 (Pressegespräch)." 2011 - zuletzt aufgerufen 02.03.2021. <https://www.thinksimple.de/fileadmin/pdf/kundenstudien/gallup_studie _pr_sentation_eei_2010.pdf>.

Nink, M. *Engagement Index. Die neuesten Daten und Erkenntnisse aus 13 Jahren Gallup-Studie.* München, 2014.

Nink, M. „Engagement Index. Die neuesten Daten und Erkenntnisse der Gallup-Studie." 2018, S. 10 - zuletzt aufgerufen am 05.01.2021. <https://www.m-vg.de/mediafiles/Leseprobe/9783868817065.pdf>.

Nink, M. *Engagement Index: Die neuesten Daten und Erkenntnisse der Gallup-Studie.* 2018.

Nink, M. *Engagement Index: Die neuesten Daten und Erkenntnisse der Gallup-Studie.* München, 2018.

Rath, D. „Deutsche Arbeitnehmer sind am unzufriedensten." *Human Rescources Manager online (www.humanresourcesmanager.de)* 2019 - zuletzt aufgerufen am

02.03.2021.
<https://www.humanresourcesmanager.de/news/mitarbeiterzufriedenheit-peakon-studie-deutsche-arbeitnehmer-am-unzufriedensten.html>.

Reiblein, J. „Glückliche Mitarbeiter steigern den Börsenwert." *WirtschaftsWoche online (www.wiwo.de)* 29. Juli 2014 - zuletzt aufgerufen am 02.03.2021.
<http://www.wiwo.de/erfolg/trends/studie-glueckliche-mitarbeiter-steigern-den-boersenwert/10265042.html>.

Rövekamp, M. „Morgens immer müde." *Der Tagesspiegel (www.tagesspiegel.de)* 1. April 2017 - zuletzt aufgerufen am 02.03.2021.
<https://www.tagesspiegel.de/wirtschaft/arbeitswelt-morgens-immer-muede/19570930.html>.

Schreyögg, G. und A. v. Werder. *Handwörterbuch Unternehmensführung und Organisation.* Stuttgart, 2004.

Spiegel online. „Jeder sechste Arbeitnehmer hat keinen Bock." *Spiegel online (www.spiegel.de)* 31. März 2014 - zuletzt aufgerufen 02.03.2021.
<https://www.spiegel.de/wirtschaft/unternehmen/gallup-studie-17-prozent-der-arbeitnehmer-haben-innerlich-gekuendigt-a-961667.html>.

Statista GmbH. „Bevölkerung in Deutschland nach Häufigkeit des Sporttreibens in der Freizeit von 2016 bis 2020." *www.statista.de* 2020 - zuletzt abgerufen am 02.03.2021.
<https://de.statista.com/statistik/daten/studie/171911/umfrage/haeufigkeit-sport-treiben-in-der-freizeit/>.

Statista GmbH. „Bruttoinlandsprodukt (BIP) in Deutschland bis 2020." *www.statista.de* 2021 - zuletzt aufgerufen am 02.03.2021.
<https://de.statista.com/statistik/daten/studie/1251/umfrage/entwicklung-des-bruttoinlandsprodukts-seit-dem-jahr-1991/>.

Statista GmbH. „Durchschnittlicher Krankenstand in der gesetzlichen Krankenversicherung (GKV) in den Jahren 1991 bis 2021." *www.statista.de* 2021 - zuletzt aufgerufen am 02.0232021.
<https://de.statista.com/statistik/daten/studie/5520/umfrage/durchschnitlicher-krankenstand-in-der-gkv-seit-1991/>.

Statista GmbH. „Wie groß sind Sie?" *www.statista.de* 2021 - zuletzt aufgerufen am 02.03.2021.
<https://de.statista.com/statistik/daten/studie/278035/umfrage/koerpergroesse-in-deutschland/>.

Statista GmbH. „Wie zufrieden sind Sie insgesamt gesehen mit dem Leben, das Sie führen?" *www.statista.de* 2020 - zuletzt aufgerufen am 02.03.2021. <https://de.statista.com/statistik/daten/studie/153748/umfrage/allgemeine-zufriedenheit-mit-dem-eigenen-leben/>.

Statistisches Bundesamt. *www.destatis.de/*. 2017 - zuletzt aufgerufen am 02.03.2021. <https://www.destatis.de/DE/Themen/Gesellschaft-Umwelt/Gesundheit/Gesundheitszustand-Relevantes-Verhalten/Tabellen/koerpermasse-maenner.html>.

StatistischesBundesamt. *Arbeitsmarkt auf einen Blick. Deutschland und Europa.* Wiesbaden: Statistisches Bundesamt (www.destatis.de), 2018 - zuletzt besucht am 30.01.2021. <https://www.destatis.de/Europa/DE/Publikationen/Bevoelkerung-Arbeit-Soziales/Arbeitsmarkt/broeschuere-arbeitsmark-blick-0010022189004.pdf?__blob=publicationFile>.

Süddeutsche Zeitung online. „Leiden unter schlechter Führung." *Süddeutsche Zeitung online (www.sueddeutsche.de)* 10. März 2015 - zuletzt aufgerufen am 02.03.2021. <https://www.sueddeutsche.de/karriere/motivation-im-job-15-prozent-haben-innerlich-gekuendigt-1.2386542-2>.

Technische Hochschule Wildau. „www.th-wildau.de." 2015 - zuletzt aufgerufen am 02.02.2021. <https://www.th-wildau.de/files/ZQE/TQM/Dokumente/Ergebnisse_MAB_2015.pdf>.

Tödtmann, C. „Gallup: Unmotivierte Mitarbeiter kosten 124 Mrd. Euro." *Wirtschaftswoche online (www.wiwo.de)* 5. Oktober 2013 - zuletzt aufgerufen am 02.03.2021. <https://www.wiwo.de/erfolg/beruf/studie-gallup-unmotivierte-mitarbeiter-kosten-124-mrd-euro/8886608.html>.

Tödtmann, C. „Immer höherer Arbeitsdruck, immer mehr Wochenstunden – auf Kosten der Familie." *Management-Blog WirtschaftsWoche (www.wiwo.de/blogs)* 23. März 2016 - zuletzt aufgerufen 02.03.2021. <https://blog.wiwo.de/management/2016/03/23/immer-hoeherer-arbeitsdruck-immer-mehr-wochenstunden-auf-kosten-der-familie/#:~:text=Immer%20h%C3%B6herer%20Arbeitsdruck%2C%20immer%20mehr%20Wochenstunden%20%E2%80%93%20auf%20Kosten%20der%20Familie,-23.&text=F%C3%B3>.

Verfuß GmbH. *www.verfuss.de.* 2016 - zuletzt aufgerufen am 02.02.2021. <https://www.verfuss.de/mitarbeiterzufriedenheit/>.

Wolter, U. „Jeder sechste Mitarbeiter hat innerlich gekündigt." *Personalwirtschaft online (www.personalwirtschaft.de)* 13. September 2019 - zuletzt aufgerufen am 02.03.2021.
<https://www.personalwirtschaft.de/fuehrung/artikel/deutsche-arbeitnehmer-bemaengeln-fehlende-unterstuetzung-bei-digitaler-weiterbildung.html>.

Wolter, U. „Jeder siebte Mitarbeiter fühlt sich nicht an sein Unternehmen gebunden." *Personalwirtschaft online (www.personalwirtschaft.de)* 5. Septmber 2018 - zuletzt aufgerufen am 02.03.2021.
<https://www.personalwirtschaft.de/fuehrung/mitarbeiterbindung/artikel/jeder-siebte-mitarbeiter-ist-emotional-nicht-an-den-arbeitgeber-gebunden.html>.

Wolter, U. „Mitarbeiterzufriedenheit nach Branchen und Motivationsfaktoren." *Personalwirtschaft online (www.personalwirtschaft.de)* 20. Februar 2018 - zuletzt aufgerufen am 02.02.2021. <https://www.personalwirtschaft.de/der-job-hr/arbeitswelt/artikel/motivation-und-vorfreude-auf-den-job-je-nach-branche-unterschiedlich.html>.

Wübbenhorst, K. „Gütekriterien." *Gabler Wirtschaftslexikon (wirtschaftslexikon.gabler.de)* 2021 - zuletzt aufgerufen am 02.03.2021. <https://wirtschaftslexikon.gabler.de/definition/guetekriterien-35152>.

Wübbenhorst, K. „Repräsentativität." *Gabler Wirtschaftslexikon (wirtschaftslexikon.gabler.de)* 2021 - zuletzt aufgerufen am 02.03.2021. <https://wirtschaftslexikon.gabler.de/definition/repraesentativitaet-51490>.

Zeit online. „Fehlende Motivation kostet Firmen Milliarden." *Zeit online (www.zeit.de)* 6. März 2013 - zuletzt aufgerufen 02.03.2021. https://www.zeit.de/news/2013-03/06/arbeit-fehlende-motivation-kostet-firmen-milliarden-06165816?print

Anmerkungen

[1] Schreyögg & v. Werder, 2004

[2] Gallup GmbH, 2014

[3] Janker, K., 2014

[4] Wolter, U., 2019

[5] Gallup, Inc., 2021

[6] ebenda

[7] ebenda

[8] Tödtmann, C., 2013

[9] Gallup GmbH, 2016

[10] Siehe hierzu sowie zu den nachfolgenden Beispielen: Böhme, 2017

[11] Auch dieses Beispiel ist eine wilde Mischung von Erlebnissen in unterschiedlichen Unternehmen.

[12] Groll, T., 2009

[13] Bohmann, C.; Evert, H., 2013

[14] dpa Newskanal, 2014

[15] Tödtmann, C., 2016

[16] Rövekamp, M., 2017

[17] Gallup GmbH, 2001

[18] ebenda

[19] ebenda

[20] faz.net, 2002

[21] Gallup GmbH, 2003

[22] Gallup GmbH, 2004

[23] Gallup GmbH, 2005

[24] Heins, S., 2005

[25] Geißler C., 2006

[26] ebenda

[27] Nink M., 2018

[28] faz.net, 2009

[29] Nink M., 2018

[30] faz.net, 2009

[31] Gallup GmbH, 2012

[32] Nink M., 2011

[33] ebenda

[34] ebenda

[35] ebenda

[36] ebenda

[37] ebenda

[38] ebenda

[39] Gallup GmbH, 2012

[40] Handelsblatt, 2013

[41] ebenda

[42] ebenda

[43] ebenda

[44] Zeit online, 2013

[45] Spiegel online, 2014

[46] ebenda

[47] ebenda

[48] ebenda

[49] Süddeutsche Zeitung online, 2015

[50] Beier, D., 2015

[51] Kestel, 2015

[52] Beier, D., 2015

[53] Kontio, C., 2016

[54] Gallup GmbH, 2017

[55] faz.net, 2017

[56] Wolter, U., 2018

[57] Menges, U., 2019

[58] Nink, M., 2018

[59] Statista GmbH, 2020

[60] ebenda

[61] Deutsche Post DHL Group, 2019

[62] Eurostat Pressemitteilung (51/2015), 2015

[63] Nink M., 2014

[64] Nink, M. 2018

[65] Wolter, U., 2019

[66] Statistisches Bundesamt, 2017

[67] statista GmbH, 2021

[68] Nink M., 2018

[69] Wübbenhorst, K., 2021

[70] ebenda

[71] Bundesgesundheitsministerium, 2017

[72] Statista GmbH, 2021

[73] StatistischesBundesamt, 2018

[74] Creuzburg, D., 2016

[75] Buss, Gerhardy und Ahlers, 2016

[76] Statista GmbH, 2021

[77] Nink, M., 2014 / Nink, M., 2018

[78] Nink, M., 2018

[79] Wolter, U., 2019

[80] Nink, M., 2018

[81] Nink, M., 2014

[82] Nink, M., 2018

[83] Wolter, U., 2019

[84] Geißler C., 2006

[85] ebenda

[86] Nink, M., 2014

[87] Nink M., 2009

[88] Deutsche Post DHL Group, 2015

[89] ebenda

[90] ebenda

[91] Deutsche Post DHL Group, 2019

[92] ebenda

[93] iSYS RTS GmbH, 2021

[94] BPD Immobilienentwicklung GmbH, 2021

[95] Deutscher Caritasverband e. V., 2012

[96] Futura GmbH, 2021

[97] Verfuß GmbH, 2016

[98] Technische Hochschule Wildau, 2015

[99] Avantgarde Experts GmbH, 2017

[100] Haufe-Lexware GmbH & Co. KG, 2016

[101] Wolter, U., 2018

[102] Rath, D., 2019

[103] Gontek, F., 2020

[104] Reiblein, J., 2014

[105] ebenda